科幻里的
科学事儿

[英]奥利·杜希格 著

丁丁虫 郭凯 陈捷 王爽 译

少年儿童出版社

目录

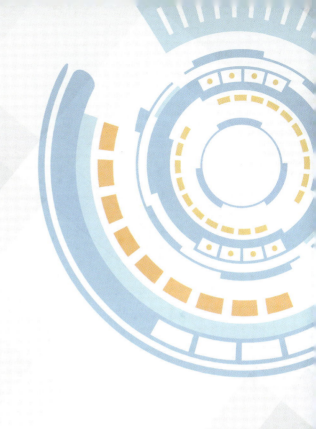

隐身衣

科幻里的隐身衣

　　我们每个人或多或少都曾希望自己拥有一件隐形斗篷。比如说在校会时不慎摔倒，或者错把老师叫作妈妈的时候，如果能披上隐形斗篷隐形就好了。更重要的是，有了隐形斗篷你就再也不用考虑出门该穿什么衣服了。你都隐身了，谁还看得见你穿了什么衣服呢？

　　隐身之后可以摆脱很多麻烦，无怪乎人类数百年来一直在寻找隐身的方法。

　　充满神奇色彩的不列颠岛传说《亚瑟王》中提到，亚瑟王有一件魔法斗篷可以让人隐身。在英国的康沃尔郡，这件魔法外衣被称为亚瑟王斗篷。据说外人绝对看不到穿这件斗篷的人，但斗篷里的人能看见、听见周围的一切。

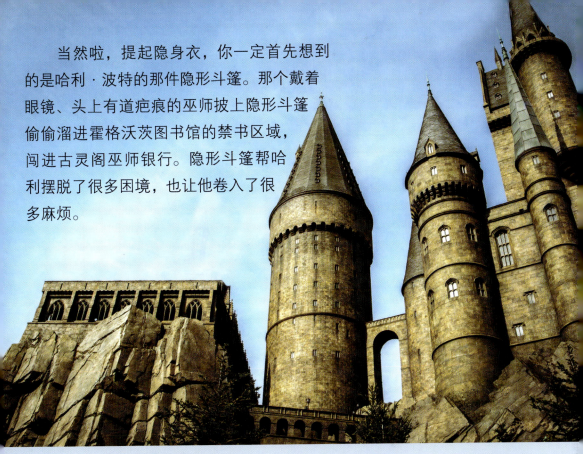

当然啦，提起隐身衣，你一定首先想到的是哈利·波特的那件隐形斗篷。那个戴着眼镜、头上有道疤痕的巫师披上隐形斗篷偷偷溜进霍格沃茨图书馆的禁书区域，闯进古灵阁巫师银行。隐形斗篷帮哈利摆脱了很多困境，也让他卷入了很多麻烦。

如果你拥有一件隐形斗篷，你会用它来做些什么？一旦知道自己绝不会被抓住，你能不能抗拒隐身之后去抢劫银行的诱惑？能不能忍住不去偷袭你的敌人？或许你也可以将隐身能力用来彰显正义，比如打击犯罪，救助他人？

在科幻和奇幻的世界中，不光是斗篷能让人隐身，指环也可以。最著名的隐身指环大概就是约翰·罗纳德·鲁埃尔·托尔金所著"指环王"三部曲中的那枚指环了。托尔金警告世人要警惕如此强大的物品。在"指环王"系列故事中，拥有这枚指环的人都被其力量所控制。

如果只有一个人掌握了隐身的秘密，那么他轻易就能变得十分强大。倘若每个人都能够隐身会发生什么呢？

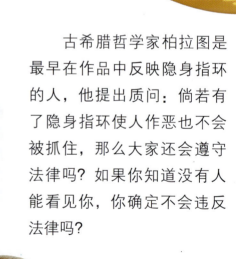

古希腊哲学家柏拉图是最早在作品中反映隐身指环的人，他提出质问：倘若有了隐身指环使人作恶也不会被抓住，那么大家还会遵守法律吗？如果你知道没有人能看见你，你确定不会违反法律吗？

未来会有隐身衣吗

在某些科幻小说中，人类可以乘坐隐形宇宙飞船飞行，在不被对方发现的情况下轻松地探查危险的地外行星。这项技术也许在不久的将来就能实现。但是现在，宇宙飞船在隐形状态下飞行，或者披上隐形斗篷就消失还属于彻头彻尾的科幻。但是如果科学家真的发明出了给你我这样普通人使用的隐身衣，我们在地球上的日常生活中要如何利用它呢？别觉得这不可能，说不定很快我们就能在超市随意买到隐身衣了！

先暂时忘掉乘坐隐形宇宙飞船实现太空航行的梦想，来讨论一下隐身衣问世后我们该如何使用它吧。很多科学家都希望在外科手术中使用隐身衣。这样医生可以隐藏病人的部分身体，让手术创口的视野更加清晰明了。毫无疑问，如果隐身衣走出科幻小说成为现实，世界将会大为不同。

盲点：
有关视觉的科学

科学家究竟打算怎样将科幻小说中的隐身衣变成现实呢？

在我们思考如何让物品隐形之前，我们首先需要知道物体是如何被看见的。光线进入眼睛引起视觉。眼球内壁后部有一层透明的薄膜——视网膜，上面覆盖着许多视杆细胞和视锥细胞。这些感光神经细胞能将进入眼睛的光线转化为电信号，通过视神经传入大脑引起视觉。

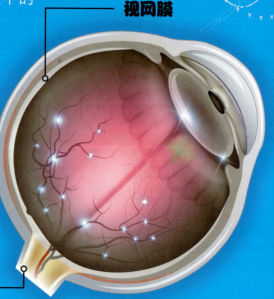

视网膜

视神经

眼睛收集各种信息传递给大脑，大脑就明白你看见了什么。但视网膜上某些区域没有视杆细胞或视锥细胞，因此无法感光，这就形成了视觉盲点。

充分利用视觉盲点，就有希望让物体隐形了。

实验

一般而言你是注意不到视觉盲点的。因为它很小，而你的大脑可以利用主观判断来填补那一点空缺。不过你确实可以发现自己的视觉盲点。来试试吧。

●   ✚

拿起这本书，伸直手臂，与眼睛平齐。

闭上右眼，用左眼看右边的十字。将书渐渐靠近眼睛，同时左眼一直注视十字。

这个过程中一直保持眼睛不动的话，你会发现，左边的圆点消失了。过一会儿它才再次出现。

现在你可以闭上左眼，用右眼看左边的圆点，你会发现右边的十字也会消失。

有些人的视锥细胞有缺陷，导致他们看不见某些色彩。这就是俗称的色盲。

光波：
彩虹的颜色

　　现实中很多制造隐身衣的试验都把重点放在"弯曲光线"上：让光线从物体周围绕过去，这样就不能被我们的眼睛看见了。为了理解"弯曲光线"为何能成为隐身衣的基本原理，我们必须首先了解光线是如何让我们看到物体的，我们又该如何做才能看不见物体。

棱镜

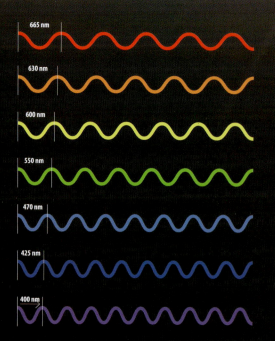

665 nm

630 nm

600 nm

550 nm

470 nm

425 nm

400 nm

　　光线是沿直线传播的。太阳和绝大部分灯泡发出的光都是白光。白光是由各种波长不同的光波组成的。波长是指波在一个振动周期内传播的距离。无论光波、声波还是海里的波浪都有各自的波长。光的颜色也是由波长决定的。白光中波长最长的可见光是红光，波长最短的可见光是紫光。

让光线弯曲

光的一个重要性质是它可以反射或折射。当光线照射到物体表面时，会改变传播方向，返回原来的物质中。这种现象就是光的反射。光的反射遵循反射定律，即反射角等于入射角。当光线从一种介质射入另一种介质时，传播方向会发生改变。这种现象称为光的折射。透镜、照相机镜头可以让光线发生折射，热也会引起光线折射。

几乎所有的物体表面都会发生反射现象。物体的颜色取决于它反射了哪种波长的光，以及吸收了哪种波长的光。比如，一个红色的苹果之所以看起来是红色的，是因为这个苹果反射了红光，并吸收了白光中其他颜色的光。波长最长的红光从苹果表面反射出去，让它呈现出了红色。如果我们可以让光线不从物体表面反射，而是直接绕过物体，那么我们就有可能让这个物体隐形。

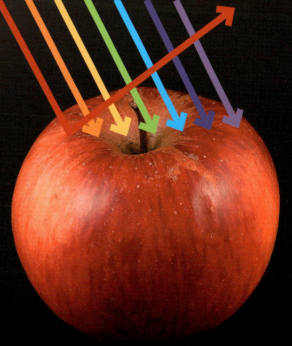

现实中的隐身衣

科学家试图制造出某种材料，让光线弯曲绕过物体。如果造出了这种材料，我们只需把它置于物体表面就能使其隐形。这样的材料被称为"超材料"。科学家开发超材料是为了实现各种怪异或超自然的功能。超材料在隐形斗篷研究领域很重要。

科学家正在尝试这样一种制造隐形材料的方法：设计一件像巫师斗篷一样的服装，上面有很多复杂的图案和细节，看起来可能有些莫名其妙。但是反正也隐形了，不时尚也没关系。不过，超材料上的这些奇怪图案并不是为了装饰，而是为了和照在上面的光的波长一致，这样就能将同波长的光折射出去。

斗篷的主要材料是金属铜和聚碳酸酯（常用于制作眼镜镜片）。很遗憾，这种斗篷现还在研发中，还需要很长时间才能投入实际使用。

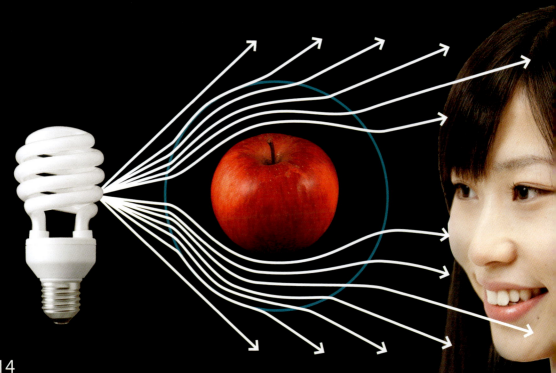

　　为了真正实现隐形的功能，科学家需要开发出一种材料，可以控制反射某种颜色的光。幸运的是，近年来这方面已经取得不少进步。他们正在研制纳米隐身复合材料，希望可以引导光线绕过物体。这种材料中的微小粒子的直径只有10纳米，也就是比人的头发还要细一万倍。

　　由于纳米复合材料可以引导光线绕过物体，所以物体得以隐身，不被我们看到。这种材料一旦研制成功，将其围住物体，光线就只能绕过去。但问题在于，现在已经实验成功的隐形斗篷只在红光下起效，而我们希望的是它能在任何光照下都可以让物品隐形。当然，如果我们把自己全身涂成红色还是可以使用这个斗篷来隐形的。

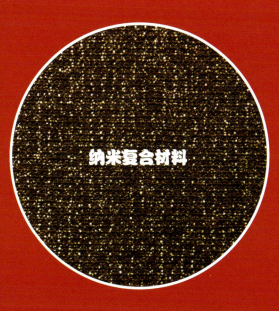

纳米复合材料

伪装：把自己隐藏起来

伪装是让自己融入环境而不被发现。很多人认为要达到完美的伪装就必须彻底隐形。有些动物天生擅长伪装，它们在自己的巢穴中几乎可以彻底隐形。

东美角鸮是动物界的伪装大师。它们有着褐色和白色相间的羽毛，看起来像极了树皮，即使站在树洞口也不会被猎食者发现。当然，它们也经常用强大的伪装能力来帮助捕猎。

你能找出图中的猫头鹰吗？

人类如何利用伪装

在军事领域，士兵穿着迷彩样式的制服来达到伪装的目的。迷彩服就像东美角鸮的羽毛一样，可以让士兵融入环境。还有一些专门针对某些特殊环境的迷彩服，如沙漠迷彩和丛林迷彩。

但是，这种伪装并不是动态伪装。也就是说，迷彩服不会随着士兵所处的环境而变化——它只在特定环境中起作用。虽然迷彩服是精心设计和测试过的，但它们没有使用特殊的伪装技术，所以不能随意变化颜色，也不能适用于所有环境。

沙漠迷彩

丛林迷彩

动态伪装

可以变化色彩的迷彩

猫头鹰利用羽毛来融入周边环境，还有一些动物则通过变化皮肤的颜色来达到伪装目的，比如变色龙。

变色龙透明的皮肤下面有几层含有不同色素的细胞，平行于皮肤表面分布。当变色龙情绪发生变化时，它们血液中会产生某种化学物质"告诉"皮肤改变色素细胞的排列显示出某种颜色。比如，变色龙感到愤怒时，它们血液产生的化学物质会令皮肤呈现出黄色。

变色龙变化色彩不仅仅是为了伪装，还可以用于互相交流。如果人类开发出了类似变色龙皮肤的材料，说不定新的伪装技术就应运而生了。

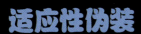

适应性伪装

　　我们是否能发明一种像变色龙一样可以随行动变化颜色的斗篷呢？有意思的是，这种伪装技术已经在开发中了，而且原理并不复杂。

　　可以随时融入新环境的伪装叫作动态伪装。有一种动态伪装是让人穿上反光性能极好的外套。衣服前后各装备了一台微型摄像机拍摄穿衣者前方和后方的背景影像。前方的影像被投影到了衣服后面，而后方的影像则被投影到了衣服的前面，这样就能达到隐形的效果。但是我们的眼睛不会这样轻易被欺骗！人虽然隐形了，但我们还是可以察觉到人物的轮廓，进而意识到自己看到的只是摄像。

光影错觉

光的折射

有时候，光的折射会让我们看不到眼前的东西。那么，我们能不能利用光的折射来操纵光线，让眼前的东西隐形呢？

酷热的夏天，你有没有在马路上看到有水流过？或者听过一个经典的传说：沙漠中的旅人渴得要发疯的时候，以为自己看到了绿洲，然而在靠近之后绿洲却消失了。这些幻景被称为海市蜃楼，是光的折射现象让我们看到了原本并不在那里的东西。

　　其实，折射只不过是光的传播方向发生了偏折。光线进入我们的眼睛，我们才能看见物体。当光线发生折射时，就会以一种不太一样的方式呈现出影像。热会引起光线折射。当空气变得灼热，从冷空气中传播过来的光线就会发生折射。沙漠中看见绿洲，就是因为光线发生了折射。

幻影斗篷

一个令人兴奋的好消息是：科学家找到了一种材料——碳纳米管薄片，可以将海市蜃楼的效果利用在隐形技术上。

如果使用碳纳米管薄片覆盖水下的物体，它能使周围的水变热。因此，光线传播到这里会偏离原有路线，绕过物体，产生隐形错觉。

这种材料在水下效果比较好，因为光线在水中的折射率比在空气中更大。但是，它在陆地上的隐形效果就不尽如人意了。不过，乐观地想，水下隐形斗篷至少可以让你躲避鲨鱼的攻击。

碳纳米管薄片并不是唯一一种可以用来制造隐形斗篷的材料。科学家正在开发一种由纤维和金属合成的名为"开口谐振环"（SRRs）的磁性超材料。它可以使物体周围某些特定波长的光波发生偏折。

想象一下，一件用丝绸制成的隐形斗篷，还点缀了黄金花边，是不是很华丽？不幸的是，这种材料还不能让可见光光波弯曲，只能使电磁波偏折。

科学家希望，如果这种材料的开发研究继续深入，或许可以在实际中投入使用。它的作用不仅仅是用于隐形，还可以用于外科手术中使医生的手变得"透明"，不会挡住需要手术的部位。毕竟人体对丝绸无不良反应。

开口谐振环

隐形指环：
我们视觉的漏洞

手上的空洞

如果我们不打算让光线弯曲，而是想通过欺骗眼睛的方式来隐形呢？从技术层面来说，这是可以的！你也能试一试。很简单，需要用到的除了你的两只眼睛，还有一张卷起的纸。

首先，保持两只眼睛都睁开，然后像这个男孩一样，用右手拿住纸卷放在右眼上，再将左手放在左眼前面距离脸约15厘米处，左手小指靠紧纸卷。你会惊奇地发现，当你两只眼睛都看向左手时，左手手掌中的一部分仿佛消失了。

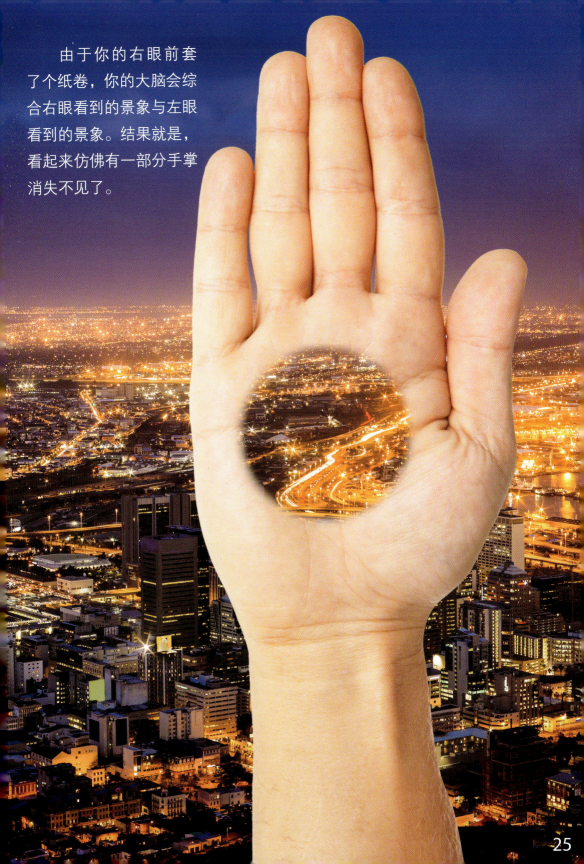

由于你的右眼前套了个纸卷，你的大脑会综合右眼看到的景象与左眼看到的景象。结果就是，看起来仿佛有一部分手掌消失不见了。

罗切斯特斗篷

美国罗切斯特大学的科学家研究出了名为"罗切斯特斗篷"的隐形术，可以让你在看别人时仿佛对方身体的某一部分平空消失了。这项技术并不复杂，由多个不同的透镜组合就能做到。透镜可以达到隐形的效果是因为它们可以让从透镜中通过的光线弯曲。凸透镜让光线聚集。光线聚集的一点叫作焦点。透镜中心和焦点之间的距离叫作焦距。

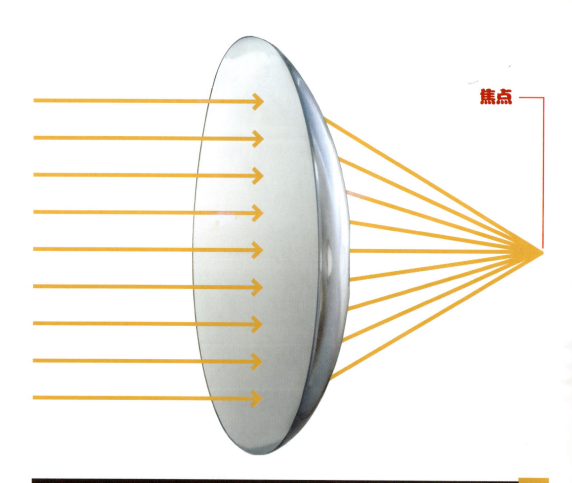

焦点

和其他隐形技术相比，"罗切斯特斗篷"最厉害之处是：它可以多方向隐形，且不会令后方背景产生扭曲的视觉效果。

"罗切斯特斗篷"使用了四种不同焦距的透镜来引导光线绕过物体，以达到隐形效果。如果光线照不到物体上，我们就看不见。如下图所示，隐形区域位于第一、第二、第三、第四个透镜之间。只要物体放置在这个范围内就会被隐形。因为光线从这个区域周围绕过去了。

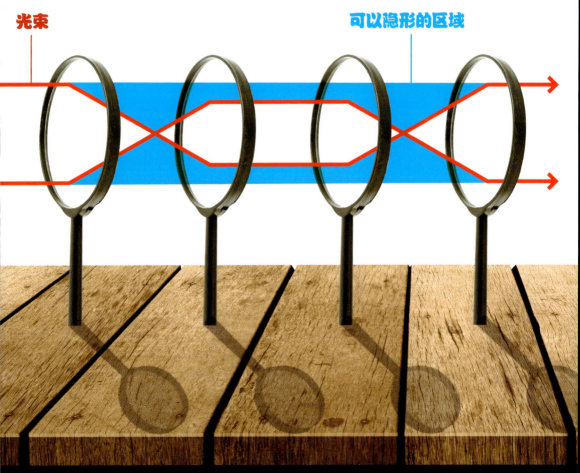

光束

可以隐形的区域

隐形的魔镜

很多隐形技术都是引导光线绕过物体来达到隐形的效果。然而，要让隐形看上去更真实，不仅需要把物体藏起来，还要确保我们能直接透视物体看到后面的背景。镜子可以很好地达到这个目的，比如很受欢迎的魔术"大变活人"就是利用了镜子的隐形效果。

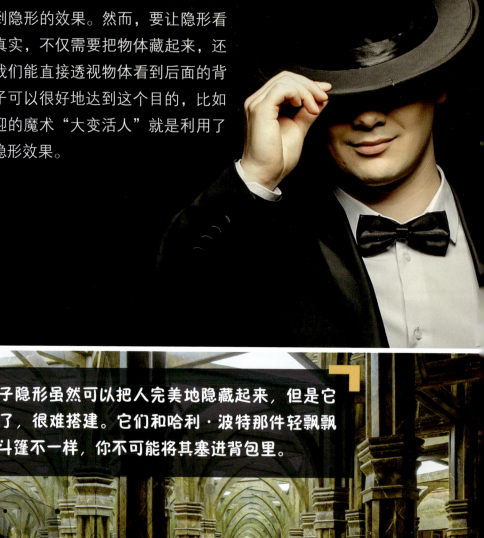

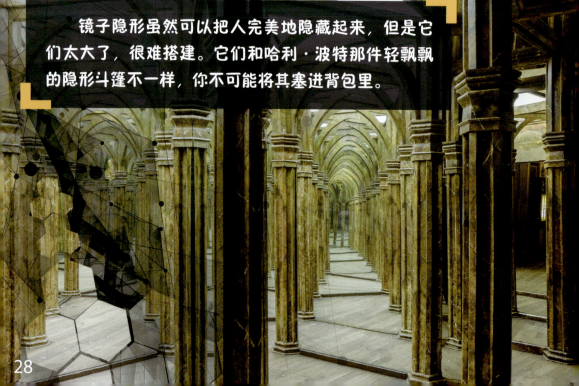

镜子隐形虽然可以把人完美地隐藏起来，但是它们太大了，很难搭建。它们和哈利·波特那件轻飘飘的隐形斗篷不一样，你不可能将其塞进背包里。

镜子隐形的奥秘

用镜子玩隐形，两样东西必不可少。

一个是背景，另一个当然是要被镜子隐形的东西。背景要放置在离观众最远的镜子（1号镜子）前面。由于镜子摆放得很巧妙，背景在1号镜子中成的像会经过2号镜子、3号镜子、4号镜子，最终传到观众的眼中。

由于4号镜子的摆放角度很合适，观众不会在镜子里看见自己成的像。如果此时有什么东西从天而降，落在下图中的隐形区域内，观众看到的是它的降落过程，然后消失在了背景中。所有的一切看起来都很正常，然而物体就这么平空消失了，仿佛从未降落。

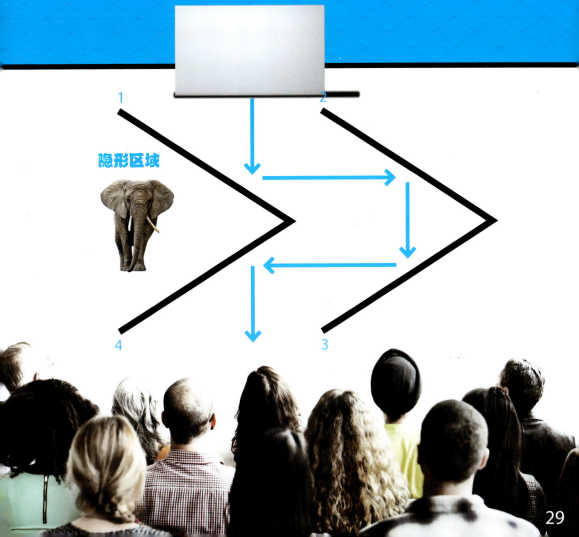

隐形区域

隐身衣的未来

逃脱犯罪

现在，你对隐形和隐形斗篷有了一定的了解，但是你想过没有，我们是不是已经准备好迎接一个人人都能隐形的未来，一个从犯罪分子到老奶奶都能隐形的时代。

因为隐形，人们可以轻易逃脱罪名，不为恶行负责，毕竟隐形的罪犯很难被抓住。这样的未来听起来是不是很恐怖？

间谍装备

　　但隐形带来的也并不全是坏事。如果你梦想成为一名秘密特工，抓捕几个超级大坏蛋，隐形斗篷就会成为你打击犯罪的最有力的武器。它能帮你轻易监视顶级机密，出其不意抓住罪犯。装备了隐形斗篷的秘密特工将会是史上最厉害的特工。

　　从这一点来说，隐形技术的使用会让社会更安全。但是，如果只有某些组织机构可以使用隐形技术，这本身是否有点不公平呢？事实上，由于隐形技术有着巨大的发展应用前景，它的相关研发信息都是保密的。谁知道呢？说不定隐形技术早已投入实际使用中了。

关于隐形，你是怎么想的

　　隐形有各种各样的优点和缺点。在隐形的世界里，你很有可能撞上隐形的物体，当然也可能弄丢你的隐形斗篷。还有，你又该怎样去寻找被隐形的看不见的物体呢？

　　总而言之，一切皆有可能。隐形斗篷可能是危险的武器，也可能是间谍必不可少的高精尖装备。你是打算好好攒钱买一件最先进的隐形斗篷，还是希望一切如旧，世界不在你面前隐形？

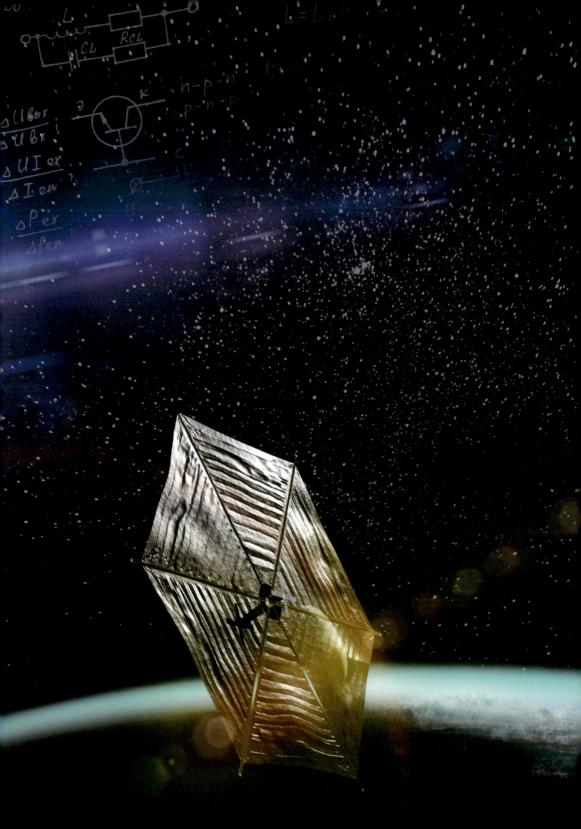

太阳帆

科幻里的太阳帆

　　想象一下，未来的某一天，你正跟家人一起，兴奋地坐在一艘宇宙飞船上。再过几个小时，飞船就要发射了，你们将开启一段愉快的太空旅行，去探索那些陌生而遥远的星球。这时，你环顾四周，看到飞船上安装着各种复杂的科学仪器，以及一张专门给船长设计的特殊座椅。可是，好像还缺少了点什么？那些巨型的火箭发动机在哪里？它们本应该发出震耳的声音，喷射出巨大的火焰，推动飞船前进的，可是它们在哪儿呢？

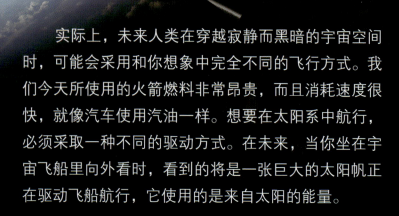

　　实际上，未来人类在穿越寂静而黑暗的宇宙空间时，可能会采用和你想象中完全不同的飞行方式。我们今天所使用的火箭燃料非常昂贵，而且消耗速度很快，就像汽车使用汽油一样。想要在太阳系中航行，必须采取一种不同的驱动方式。在未来，当你坐在宇宙飞船里向外看时，看到的将是一张巨大的太阳帆正在驱动飞船航行，它使用的是来自太阳的能量。

从维多利亚时代到今天

也许你在科幻作品中并不是经常见到太阳帆。在大多数科幻小说或电影中，宇宙航行使用的是大型火箭或曲率驱动，太阳帆出现得并不多。但是，也有一些科幻作品，比如电影《星球大战：克隆人的进攻》，你可以发现太阳帆的身影。

是时候让太阳帆登场了

现在，是时候让太阳帆登场了。火箭虽然在过去立过大功，但能担当未来宇宙航行重任的是太阳帆。这其中的主要原因是火箭需要耗费大量燃料。

在太阳系航行

火箭的燃料是非常昂贵的。要让火箭飞离地球大气层，需要花费大约价值为 155 000 英镑的燃料。在太空的真空环境中航行时，需要的燃料会少一些，可飞船必须保证带上足够多的燃料，以防燃料用尽。但是，飞船携带的燃料越多，就会越重，需要越多的燃料把它发射升空。这就是为什么科学家一直在寻求其他更好的驱动航天器的方法。

自前，即使是安装了太阳帆的航天器，也无法凭借自己的力量离开地球大气层，它还是必须依靠火箭发射升空。但是，火箭需要大量燃料，这将在未来很长时间的航天飞行中，都是一个问题。

备选方案

还有别的方法吗？比如，使用核动力。但是，核动力这项技术相比太阳帆来说，还有很多不成熟的地方。

引力辅助

当航天器飞近某个行星、卫星或恒星时，可以借助这些天体的引力获得加速度，大大节省燃料。这类技术又称为引力辅助。

比如，木星环绕着太阳在宇宙空间运行。如果从地球发射一枚航天器，让它靠近木星。这个航天器就会在木星的引力作用下，获得加速度。这有些像当你穿着轮滑鞋在路上滑行时，如果前边有人骑着自行车拉你，这时就算你自己不用力，滑行速度也会大大提升。只要这个航天器距离木星不是太近，它就能获得足够大的速度，并且借此改变轨道，最终离开木星。

当航天器借助行星的引力来加速时，行星本身运行的速度会稍稍降低一点点。如果航天器足够大，在借助行星的引力航行时，有可能会导致行星降速直至停止。一旦这种情况发生，这颗行星就会坠落进入太阳！不过别担心，要产生极大的引力辅助，才会发生这种事。

太阳帆的现实进展

光帆

无需想象未来的太阳帆会是什么样，因为它们已经存在于现实中！一家公司制造出了一张太阳帆，取名叫作"光帆1号"。它被发射到太空，虽然飞得并不远，还没有脱离地球的引力圈，不过它的表现还算不错，所以这家公司决定再制造一张太阳帆，叫作"光帆2号"。

两张太阳帆都是通过大型火箭发射升空的。发射过程中需要使用火箭燃料，不过到了太空之后，"光帆2号"就可以从太阳那里获得动力飞行。

地球大气层的边缘

"光帆1号"在太空中发生了一些小故障：计算机出现问题导致它停止运行。幸运的是，正好有一道宇宙射线从太空深处照射到它身上，修复了这个故障。

太阳干扰者与纳米帆–D

　　美国航空航天局（NASA）也参与了太阳帆的研究。他们送上太空的第一张太阳帆叫作纳米帆–D。它环绕地球运行了240天，返回地球途中在大气层中烧毁。NASA计划再设计制造一张太阳帆，取名为太阳干扰者，它将比纳米帆–D大得多。遗憾的是，虽然它的名字很霸气，但它去不了地球背对太阳的那一面天空。

　　在纳米帆–D环绕太阳运行的过程中，有时候会反射太阳光。你很有可能曾经在某个夜晚，在合适的地点、合适的时间注视天空，看到过纳米帆–D，它比夜空中最亮的星星更加明亮。

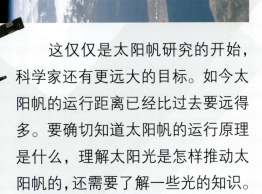

　　这仅仅是太阳帆研究的开始，科学家还有更远大的目标。如今太阳帆的运行距离已经比过去要远得多。要确切知道太阳帆的运行原理是什么，理解太阳光是怎样推动太阳帆的，还需要了解一些光的知识。

　　未来，太阳帆也许会被安装在更大的航天器上，比如左图这种。

41

什么是光

光是具有能量的波。它由叫作光子的粒子构成。光在真空中的传播速度，比宇宙中任何物体都快。每道光都有一定的波长。波长指的是光波在一个振动周期内传播的距离。波长越短，能量越大。这一性质适用于光波、声波，以及海洋中的波浪。波长较短的光波，比波长较长的光波具有更多的能量。

光谱和颜色

光的颜色是由它的波长决定的。红光的波长比较长，蓝光的波长比较短。我们肉眼无法看到波长比红光还要长的光，如红外线、无线电波、微波。同样，我们也无法看到波长比紫光短的光，如紫外线。然而一些动物，比如蝙蝠，能看到紫外线。

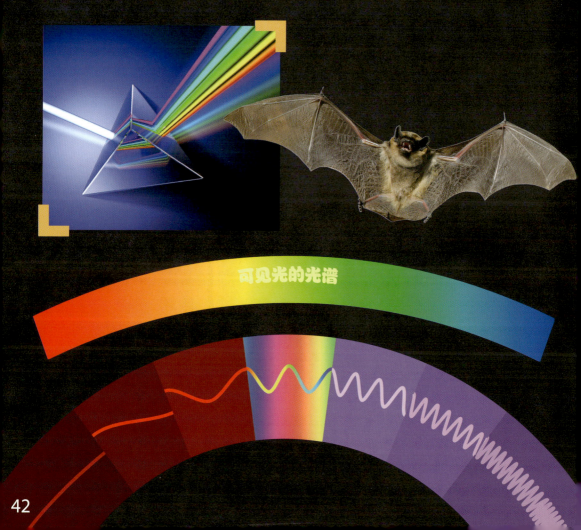

可见光的光谱

光子的反弹

　　理解了光的本质就不难理解太阳帆的工作原理。太阳帆就像一面很大很薄的镜子，能够反射光线。当光子撞击到太阳帆上时，它们会发生反射然后弹回来。在光子反弹的时候，会对太阳帆造成轻微的推动作用。当然，单个光子的推动作用是微不足道的，不过别忘了，太阳在持续不断地喷射出海量的光子。所有这些光子的能量汇集在一起，就能对太阳帆产生显著的加速作用。

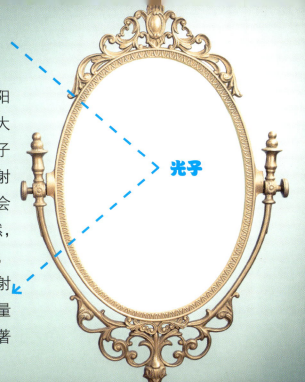

光子

亚尔科夫斯基效应

　　恒星会辐射能量，把热量带给环绕它们的行星、卫星和小行星。太阳就是这样一颗恒星，用它的能量带给我们温暖。

　　一位名叫亚尔科夫斯基的科学家在研究小行星时发现，恒星辐射的热量会影响到小行星的运行轨道。大多数小行星在宇宙中运行时都会发生自转，如果小行星的某一面被太阳光加热，就会通过自转，转向远离太阳的方向。在吸收太阳光后，小行星也会向外辐射热量。小行星在辐射能量的时候，会产生一个微小的推力，推动它向着相反方向运动。你可能要问，为什么能量辐射会推动小行星运动呢？我们请伟大的艾萨克·牛顿来回答。

太阳帆的科学原理

艾萨克·牛顿

许多年前，牛顿提出了著名的运动三大定律，用来解释世间万物是怎样运动、为何运动的。这些定律的主要部分到今天还是适用的。这里我们需要关注的是第三定律。嘿，牛顿先生，您能告诉我们，第三定律讲的是什么吗？

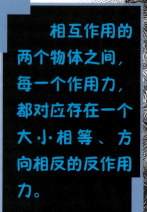

相互作用的两个物体之间，每一个作用力，都对应存在一个大小相等、方向相反的反作用力。

谢谢，牛顿先生！现在我们知道，当一个力沿着一个方向作用时，就会存在另一个力向着相反方向作用。我们可以在游泳池里观察到这个现象。你在游泳时，把身边的水向身后推动，对水施加一个向后的力，水就会对你的身体施加一个方向相反的力，推动你向前。

这个定律很重要。它说明了为什么火箭在向后喷射火焰时，自己可以向前运动；它解释了为什么小行星在轨道上运行时向外辐射热量，会产生微小的推力。其实，这也是太阳帆在反射光子时，自身能够向前运动的原因。

方向的改变

太阳系的行星在太阳引力的作用下，环绕太阳运行。这种环绕运动，有些像右图一个球被绳子系在一根杆子上环绕杆子运动的情形。在太阳系，太阳就是那根杆子，引力是绳子，而行星就是系在绳子上的球。当行星环绕太阳运行时，只要速度足够大，就能抵消太阳引力把它向内拉的作用。如果速度不够，行星会被引力吸引，直至坠落掉进太阳里。这就像是当你停止击打球，不给它提供旋转所需的力，球会落回杆子那里一样。只要没有降低行星运行速度的因素存在，行星就会永远环绕太阳运行下去。

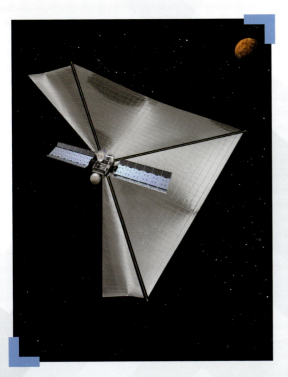

太阳帆在太阳系中飞行时，同样也在环绕太阳运行。不过，它可以通过改变帆的角度，或者关闭一部分帆面，调整自己的飞行方向。被关闭的帆面只能吸收光子，不能反射光子。比如，当太阳帆的左侧被关闭时，光子只会推动它的右侧。于是，太阳帆就调整了方向。

太阳帆距离太阳越近，获取的太阳能就越多；距离太阳越远，来自光子的推力就越弱，运行的速度就越慢。

45

角度与轨道

如右图所示，只要让帆面正对着太阳，光子的推力就会让太阳帆朝着偏离太阳的方向运转。

如果太阳帆想要向着太阳的方向运行，如下图，只要转动帆面，与太阳光照的方向形成一定夹角，当光子撞击到帆面上时，产生的推力就会让它靠近太阳。

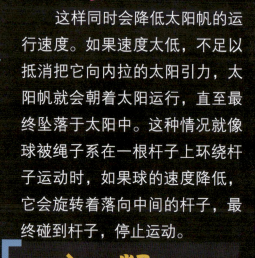

这样同时会降低太阳帆的运行速度。如果速度太低，不足以抵消把它向内拉的太阳引力，太阳帆就会朝着太阳运行，直至最终坠落于太阳中。这种情况就像球被绳子系在一根杆子上环绕杆子运动时，如果球的速度降低，它会旋转着落向中间的杆子，最终碰到杆子，停止运动。

→ 光子
→ 推力方向
→ 运行轨道
→ 最终运行方向

伊卡洛斯号
飞往金星

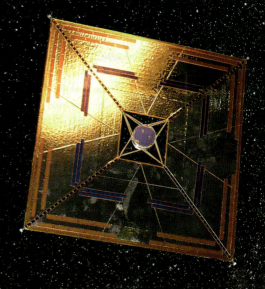

　　"伊卡洛斯号"是由日本研制的一艘太阳帆宇宙飞船。它由运载火箭发射升空，执行飞往金星的任务。它是世界上第一艘利用太阳能开展星际航行的太阳帆宇宙飞船。

　　"伊卡洛斯号"一进入太空，就展开帆面开始运行。在升空后一个月，"伊卡洛斯号"随身携带的照相机拍摄了它在太空中的照片传回地球。照片显示，"伊卡洛斯号"运行正常。当年，"伊卡洛斯号"成功地抵达运行轨道。在返回地球的途中，由于缺乏能源，"伊卡洛斯号"陷入了沉睡中。快醒醒，"伊卡洛斯号"！

　　"伊卡洛斯号"现在仍处于沉睡之中，它正在宇宙中某个地方飞行着。

虽然"伊卡洛斯号"的太阳帆面厚度只有0.0075毫米，宽度却达14米。

NASA的小行星探测计划

除了太阳干扰者和纳米帆–D，NASA还有其他关于太阳帆的研究计划。为了开展对小行星的研究，NASA准备发射一台名为NEA的近地小行星探测器。NEA和"伊卡洛斯号"一样，是被折叠起来，捆绑在火箭上发射升空的。一旦进入太空，它就会跟火箭分离，展开太阳帆，准备飞向目标小行星。

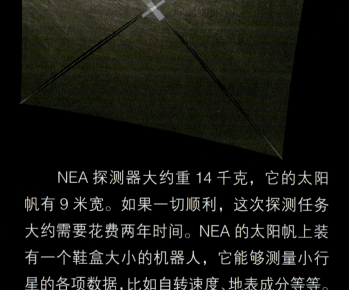

NEA探测器大约重14千克，它的太阳帆有9米宽。如果一切顺利，这次探测任务大约需要花费两年时间。NEA的太阳帆上装有一个鞋盒大小的机器人，它能够测量小行星的各项数据，比如自转速度、地表成分等等。

还有许多关于小·行星的秘密有待揭晓。

为什么我们需要了解小行星

有很多探索小行星的理由，最重要的一个是：小行星可能很危险——尤其是那些在地球附近飞行的小行星。如果一颗小行星撞击了地球，而且它的个头很大，那对我们来说绝对是一场灾难。事实上，大型小行星撞击地球这类事之前已经发生过。许多科学家相信，正是小行星撞击地球导致恐龙灭绝。所以，全世界的科学家都希望能够阻止类似灾难再次发生。我们对小行星了解得越多，阻止它们撞击地球的可能性就越大。

在 6500 万年前，恐龙并不知道是什么原因导致它们灭亡的。今天，我们不会再犯相同的错误！

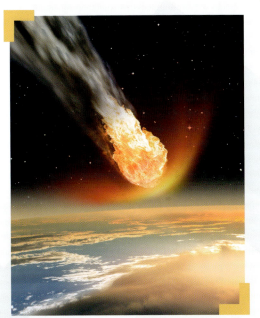

我们现在还无法确切地知道，地球上的生命是如何起源的？一些科学家认为，生命诞生于海洋深处的热液。还有些科学家认为，生命的诞生和小行星撞击地球有关。在地球早期，小行星撞击地球带来了一些生命诞生所必需的物质。要解开生命诞生的秘密，唯一的方法就是尽可能多地调查研究小行星。

太阳帆的其他用途

助力人造卫星

人类发射了各种用途的人造卫星环绕地球飞行。有的人造卫星能够帮助我们预测天气变化，有的用于电话通信，还有的用于导航。它们在太空运行时都会遇到一个相同的问题：地球在不停地自转。很多人造卫星，比如用于通信和导航的人造卫星，需要保持跟地球自转相同的速度，环绕地球飞行。这对于一些普通的人造卫星来说是很困难的，但太阳帆能够轻松做到。

给人造卫星装上太阳帆，并且调节到合适的角度，就可以给它提供足够的动力，让它能够保持跟地球自转相同的速度飞行。这就意味着，我们可以发射更多的卫星，让它们更加有用，为每个人提供属于自己的导航系统！

清理太空

有大量的太空垃圾正在环绕着地球飞行，其中直径超过 10 厘米的碎片多达 19 000 块。有些太空垃圾的飞行速度高达 10 千米／秒。这对于人造卫星和航天员来说，是非常危险的。这些碎片主要来自废弃的火箭和人造卫星，因为我们没办法将它们带回地球。大量已报废损坏的人造卫星飘浮在太空中，我们需要寻找一个方法把它们收回，或者至少想办法阻止它们撞击其他航天器。

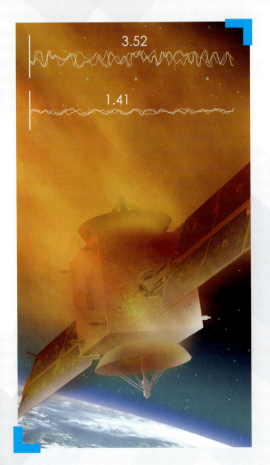

如果给人造卫星装上太阳帆，就相当于给它装了一个刹车，在需要的时候可以降低它的飞行速度。你还记得物体在做环绕运动时，如果降低速度会发生什么事吗？没错，引力会把它拉向所环绕的物体。安装了太阳帆的人造卫星，如果速度下降，就会被地球的引力牵引飞向地球，在进入大气层后烧毁，避免变成太空垃圾。

也许有一天，我们能够发明一种专门用来收集太空垃圾碎片的人造卫星。当它把所有的碎片都收集起来后，我们可以用一张太阳帆把它带回地球，在大气层里全部烧毁，还太空清洁与安全。

飞出太阳系

很显然，在不久的将来，太阳帆将大显身手去探索太阳系内的小行星和其他行星。当太阳系内的天体都探索完之后，我们会想要在太空中走得更远，前往其他恒星和恒星系。可是，太阳帆跟火箭相比，速度太慢了，特别是当它远离恒星飞行时，速度会变得更慢。如果想用太阳帆去探索环绕其他恒星的行星，我们就必须找到能给太阳帆加速的方法！

恒星际旅行

如果想要去探索宇宙深处某个遥远的地方，可以利用沿途的不同恒星来改变行进方向。途中每一颗恒星都可以为太阳帆加速。一段利用太阳帆穿越银河系的旅程，会沿着恒星之间的连线进行，当我们在恒星系间穿梭时，就像是在玩一场"连连看"游戏！

激光

如果太阳帆在太空深处航行时，恰巧周围没有恒星，那该怎么办呢？不用担心，可以使用高能激光对着太阳帆发射光子，为它提供动力，推动它前进。太阳是朝着所有方向发射光子的，而激光则不同，它会把所有光子集中朝着一个方向发射。如果这个方向正对着太阳帆，就可以给它提供能量。

激光遇到的问题

然而，当前人类还没有能力用激光来驱动太阳帆飞行。发射驱动太阳帆飞行的激光需要大量的能量，有些人认为，把全球的能源加在一起才够用。而且，太阳帆飞得越远，激光要想准确击中它就越难。当太阳帆位于几百万千米远的地方时，激光的方向也很可能出现偏差。不过，虽然用激光驱动太阳帆的技术在今天还有很多缺陷，但在未来，这个技术也许是可行的。

电子帆

一种新型的太阳帆

科学家一直致力于研究新的技术。NASA 的科学家正在开发一种新型的太阳帆——电子帆。它同样需要从太阳那里获取能量，但是原理有所不同。

太阳风

太阳并非仅仅以光的形式向外辐射能量，它还有很多辐射能量的方式。太阳上层大气一直在源源不断地向外喷射带电粒子流——太阳风。这些粒子有的带正电，有的带负电。带有不同电荷的粒子会相互吸引。而带有相同电荷的粒子，如果距离太近，会相互排斥。

这些带电粒子被太阳以非常高的速度喷射出来，它们的速度最快可高达700千米/秒。

电子帆是如何工作的

电子帆没有普通太阳帆那样的巨型镜面，它是一个类似扇面的结构，细导线缠绕成线圈构成了扇面的扇骨。保持导线带正电，当来自太阳风的正电荷撞击到电子帆上时，会因排斥而被反弹，从而推动电子帆向前行进。不难看出，电子帆和普通太阳帆的工作原理是类似的，都是从太阳那里获取能量，通过作用于帆面的反作用力驱动自己前进。期待 NASA 能够在电子帆的研制上取得进展，毕竟电子帆比普通太阳帆的行进速度快多了。

太阳耀斑

有时候，能量会在太阳上聚集起来，以耀斑的形式释放。太阳耀斑是一种光子和带电粒子的爆发现象。对于周围的行星来说，太阳耀斑是非常危险的，因为它有可能把大气层从行星上剥离出去。但是，对于太阳帆和电子帆来说，太阳耀斑是非常有用的。所有这些额外的光子和带电粒子，都可以为太阳帆和电子帆提供巨大的加速作用。

幸运的是，太阳耀斑对地球的破坏作用并不是很严重，但它会干扰人造卫星的运行。

摄星计划

一些科学家把目光投向了太阳以外的其他恒星。例如，著名科学家霍金和他的团队想要通过太阳帆，将一些微型探测器送往距离我们最近的恒星系——半人马座阿尔法。这个计划被称为"摄星"。半人马座阿尔法恒星系包括三颗恒星，其中最小的一颗叫作比邻星，它是一颗红矮星，比太阳小得多，温度也要低很多。科学家真正感兴趣的并不是比邻星，而是环绕它运行的一颗行星——比邻星b。

比邻星b距离地球大约4.2光年，探测器抵达那里要花费20~30年的时间。

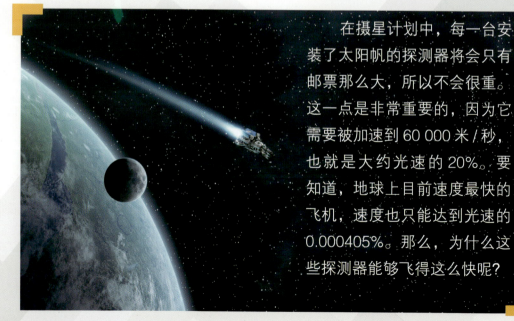

在摄星计划中，每一台安装了太阳帆的探测器将会只有邮票那么大，所以不会很重。这一点是非常重要的，因为它需要被加速到60 000米/秒，也就是大约光速的20%。要知道，地球上目前速度最快的飞机，速度也只能达到光速的0.000405%。那么，为什么这些探测器能够飞得这么快呢？

56

更强力的激光

科学家计划用超强激光来驱动摄星计划中的太阳帆。由于这些探测器很轻，所以只需要很少的能量就能够驱动它们飞行。当探测器抵达比邻星 b 后，会使用随身携带的微型超轻相机为它拍照。我们希望通过它传回来的照片能够弄清楚比邻星 b 的成分、大小，以及来自周围红矮星的太阳风是否对它造成了破坏等一系列信息。

不过，还要再等待一段时间才能实现摄星计划。科学家还在开展进一步的研究，以确保计划能够顺利完成。如果一切顺利，我们大约能够在 2060 年接收到比邻星 b 的照片。

也许你会很好奇，想要知道为什么我们要花费那么大的精力去造访这颗遥远的行星。这是因为比邻星 b 位于宜居带。也就是说，那里很可能生活着外星生命！怎么样，这是一个令人兴奋的消息吧？

探测器是人类研制的用于探测宇宙天体和空间的无人航天器。这些计划前往比邻星 b 的探测器要比普通宇宙探测器小得多。

宜居星球

宜居带

宜居带是指一颗恒星周围的一定距离范围。在这一范围，水可以以液态形式存在。如果一颗行星距离恒星很近，就像是水星距离太阳那样，它表面的温度就会很高，水无法以液态形式存在。如果行星距离恒星很远，就像是海王星距离太阳那样，水会结成冰。由于比邻星 b 环绕的比邻星是一颗小型红矮星，所以它到比邻星的距离，比地球到太阳的距离要近得多。

一颗行星距离它所环绕的恒星很近，意味着这颗行星环绕恒星一周的时间很短。在比邻星 b 上，一年的时间只有地球上的 11 天。

生命存在的必要条件

说实话，我们并不知道外星生命存在的必要条件是什么。在遥远的宇宙空间，也许存在着能够吞食火焰的外星人，或者不需要氧气就能呼吸的外星人。但是，我们知道地球上的生命需要水、空气才能生存。所以我们根据这些去寻找跟地球环境类似的行星。即使比邻星 b 在某些方面可能跟地球类似，但它还有许多我们不知道的奥秘，有待我们接近它去探索。

当我们到达比邻星 b 后，也许只能找到炎热干燥、毫无声息的岩石。即使如此，我们也不应该放弃寻找外星生命的希望。科学家认为，在银河系至少有 10 亿颗环境跟地球类似的行星，很有可能存在外星生命。可是，如果真是这样，为什么宇宙如此寂静呢？

既然宇宙中有这么多可能存在外星生命的星球，为什么我们到现在还没有见到过外星人呢？许多人都认真思考过这个问题，下面是一些他们给出的答案。

生命在宇宙中是非常罕见的，所以并不存在很多外星人，宇宙文明相互之间也很难交流。

外星智慧文明发明了许多好玩的东西，过着充实的生活，对自己的状态很满意，并不想离开自己的行星。

跟整个宇宙的漫长时空相比，人类诞生的时间并不长，想要见到外星人，我们只要再耐心等待一段时间就可以了。

外星人对于相互交流这种事是非常警惕的，因为在宇宙中可能有许多有敌意的、危险的外星文明，如果自己被发现了，就会被对方毁天。

想一想，为什么我们至今没有收到过外星文明的信息呢？

星际旅行

载人的旅途

无人探测器可以通过太阳帆开展星际航行，那么太阳帆能驱动载人航天器吗？能够承载人类的宇宙飞船很重，飞行速度很慢，因为想要维持人类生存并且活得舒适，飞船需要携带很多东西。当然，这并不是说未来无法实现这一技术，但至少目前来看，人类还不太可能利用太阳帆进行载人星际航行。

生命暂停

在未来，穿越银河系的旅行可能会花费几百年的时间。于是出现了一个问题：宇航员会因为年老而死去，这样就没有人能够驾驶宇宙飞船了。在科幻作品中，常常用一种叫作"生命暂停"的方法来解决这个问题。具体做法是：把人在一种特殊的冬眠舱中冰冻起来，这样人就不会变老了，若干年后，将他唤醒并解冻。也就是说，在你登上宇宙飞船后，你需要先爬进冬眠舱，设置好闹钟，让它在一百年后把你叫醒。不幸的是，现实中人类的技术还无法把一个冰冻的人叫醒……

人类殖民地

想要解决星际航行中距离太远的问题，一个更容易实现的方法是：把宇宙飞船建设成一个移动的人类殖民地。在这个宇宙飞船中，生活着几百到几千人。他们之中的任何一个都不可能活着到达航行目的地，但是他们的曾曾曾孙或曾曾曾孙女会到达终点。这个人类殖民地就像是一座大型城镇，缓缓地在宇宙中飞行着。这里，会有人类生活所需要的一切，比如农场、房屋，以及大量用于提供能量的太阳能板。而飞船被一张巨大的太阳帆驱动着。

一艘这样的太空飞船，需要为生活在其中的人制造重力和日光。飞船上的所有资源都是可循环利用的，包括空气和水。人们会在这里组建家庭，生育孩子。孩子们同样需要去学校上学。这里也会有各种日常设施，比如商店和公园。很多年后，飞船上的所有人都将是诞生在飞船上的。终有一天，飞船会抵达目的地，船上的人将会在新的行星上建设城镇和城市，开始新的生活。

太阳帆的未来

　　未来的某一天，当你在等待宇宙飞船升空时，不必再对安装在飞船上的那张巨大的太阳帆感到奇怪。你可以把你在这里学到的关于太阳帆的知识告诉家人，他们一定会对你的博学印象深刻。

　　等等，你还没有告诉我们，你想要去哪里呢。你想去火星吗？那你可以去拜访奥林匹斯山——太阳系最高的火山，比珠穆朗玛峰的两倍还高。也许你想去木星的卫星——泰坦？那里有着巨大的液体甲烷湖泊，而且还是欣赏土星光环美景的好地方。或者，你想去距离太阳最遥远的行星——海王星？那你会遇到一场壮观的钻石雨。又或者，你只是喜欢驾着太阳帆，在太阳系到处闲逛。不管去哪里，那都会是一次奇妙的旅行，难道不是吗？

SYSTEM
PROTECTION

LOGIN
PASSWORD

FIRST NAME: JOE
LAST NAME: SMITH
HISTORY: MISSING

POTENTIALLY
DANGEROUS

3.52

1.41

SPACE ROC
volume

超光速旅行

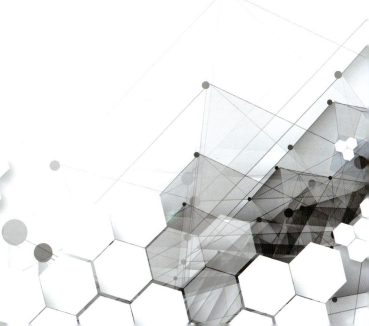

科幻里的超光速

如果你是一位船长，掌控着银河系中速度最快的宇宙飞船，现在你和你的船员需要立刻前往一颗遥远的行星，你会怎么做？打开引擎！驱动主推进器！还有，千万不要忘记，把安全带系好，因为你马上就要开启一段超光速的旅行了！

上面一幕常常出现在科幻电影和科幻小说里，你一定还记得那些酷炫的名字，比如曲率驱动、超光速旅行。如果我们想要在浩瀚的宇宙航行，就需要获得比光传播还要快的速度。光速是目前宇宙中最快的速度。

科幻中的宇宙飞船

在科幻的世界中，比如《星球大战》，超光速旅行需要做的只是按下一个按钮，宇宙飞船就会获得一个令人难以置信的高速度，群星瞬间被甩在身后，变成一片模糊的背景。宇宙飞船形状和大小也是千奇百怪，比如在《神秘博士》中，它的样子就像一个警察岗亭，在一个地方突然消失，然后在另一个地方突然出现，于是就完成了一次超光速旅行。

更神奇的是传送门！飞船消失在一座传送门中，然后再在另一个遥远星系中的另一座传送门中出现。为什么飞船需要这么快的速度呢？

浩瀚的宇宙

光凭想象，我们很难理解宇宙究竟有多大。宇宙中行星、恒星之间的距离，常常比你想象的要远得多。金星是距离地球最近的一颗行星，但即使是它的近地点，也有 3800 万千米。你知道这是多远的距离吗？和地球的赤道一比，你就明白了。地球的赤道只有 40 075 千米。

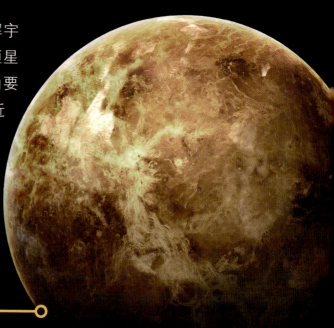

金星 ————○

————○———————————————— **半人马座比邻星**

半人马座阿尔法星系是距离太阳系最近的恒星系，由三颗恒星组成。它离我们有多远呢？比邻星是半人马座阿尔法星系中距离地球最近的一颗恒星。它距离我们 39 900 000 000 000 千米。这真是一段难以想象的遥远距离！

半人马座比邻星是一颗红矮星，它比太阳要小一些，暗一些。太阳是一颗黄矮星。

光年

现在你该明白，为什么在科幻小说和电影中宇宙飞船必须飞得那么快。要是宇宙飞船以正常速度飞行，它们要拜访最近的恒星，就得花费几万年时间，更不用说飞到银河系的另一边去。

很显然，宇宙太大了，不适合用千米这么小的单位来计量。当科学家测量宇宙中天体间的距离时，他们使用的是另一种计量单位——光年。1光年指的是光在1年中所走过的距离，大约是9.5兆千米（1兆=1万亿）。如果一颗恒星距离你3光年，那么你以光速前往这颗恒星需要花费3年时间。可是，为什么我们要用光年来测量距离呢？为什么光在宇宙航行中很重要呢？

半人马座比邻星与地球的距离是4.3光年，这个数字好记多了！

什么是光

光是宇宙中存在的一种具有能量的波。它由称为光子的基本粒子组成。声音无法在真空中传播，但是光可以。

光很重要，但它跟宇宙航行有什么关系呢？我们再来了解一些关于光的重要特性。首先，光子是没有质量的，而其他种类的粒子大多有质量。其次，光在真空中传播时，速度不变，所以光年被用作测量宇宙空间距离的单位。光的这些特性，跟阿尔伯特·爱因斯坦的研究有着密切的联系。

爱因斯坦

爱因斯坦提出了相对论，用来解释许多其他科学家解释不了的奇特现象。例如：物体的运动速度会随着观察者的运动状态而改变。你在生活中经常会遇到这种情况：当你在路旁站着不动时，一辆汽车从你身边经过，这时它看起来速度很快；可是当你开着车，沿着跟另一辆车相同方向且以相同速度行驶时，另一辆车的速度看起来就没那么快了。这就是运动的相对性。然而，这种情况并不适用于光，光的速度总是保持恒定不变的。

爱因斯坦的相对论非常复杂，但是我们只需要理解以下几点：

1.光是宇宙中传播速度最快的物质；

2.光在真空中传播的速度是恒定不变的，无论你在测量光速时自己在以什么速度运动，测量结果都不会改变，这跟测量其他物体速度的情况不同；

3.空间和时间是一体的，它们可以被弯曲和转换；

4.质量和能量本质是一样的。

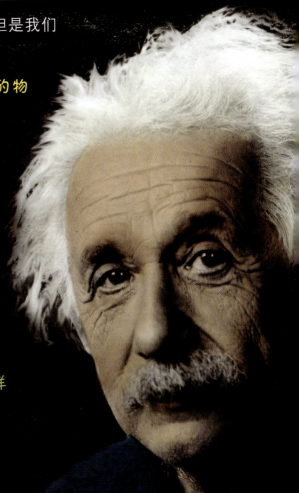

我们必须更快

你知道人类制造出的速度最快的航天器是什么吗，它的速度有多快？木星探测器"朱诺号"在经过木星附近，被它的引力牵引时，速度达到了约 265 000 千米／时，是目前人类制造出的速度最快的航天器。那么光的速度有多快呢？大约是 300 000 千米／秒。对，你没有看错，光一秒内能行进 300 000 千米！天哪，我们还差得很远呢……

不过，航天器并不是人类造出的速度最快的物体。科学家在瑞士的地下深处，建造了大型强子对撞机，让微小的粒子以极高的速度相互碰撞。他们已经能够控制这些粒子，以非常接近光速的速度运动了。你肯定在想：只是接近光速，还不够啊，是的，我们需要的是超越光速！

加速需要能量

在研究大型强子对撞机的过程中，科学家遇到了一个问题：一个物体的运动速度越快，驱动它所需要花费的能量就越多。但是你给物体提供的能量增加了物体的质量，使得它的运动变得更艰难。这是为什么呢？根据爱因斯坦的相对论，质量和能量的本质是一样的。

所以，当你给一个物体加速时，施加的能量越多，它的质量就变得越大。这也就意味着，你需要更多的能量才能驱动它。现在，你明白科学家遇到什么问题了吧？想要把一个物体的速度提高到光速，他们需要无限大的能量。

可怜的科学家，他们遇到了大麻烦！

静止的光子是没有质量的，所以它不需要担心这个无限能量的问题。光可以直接以它最快的速度沿直线传播。这对于我们想要建造超光速航天器来说，真是个坏消息。因为航天器是有质量的，所以如果它想跟光比赛速度，必败无疑！

超光速研究的现实进展

不要灰心！我们还是有可能在银河系实现超光速旅行的。

换个思路，一切皆有可能！

切连科夫效应

光在水中传播的速度，只有它在真空中速度的75%。科学家曾经观察到，在水中的核反应堆附近，会出现一种明亮的蓝色光。这种光叫作切连科夫辐射，它是以研究这个现象的苏联科学家维尔·切连科夫命名的。这种现象产生的原因，是因为一些粒子在水中的运动速度超越了光速，于是光波就在粒子的周围聚集起来，形成了我们看到的蓝色的光。遗憾的是，宇宙是真空的，不是浸没在水中的，切连科夫效应无法帮助我们实现在宇宙中超光速旅行的梦想。

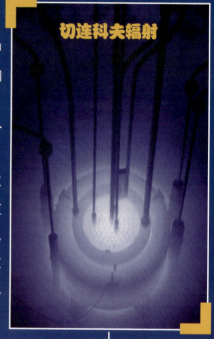

切连科夫辐射

其实，声音也会发生类似的现象。如果一个物体的运动速度比声音还要快，声波就会在物体运动方向的前端聚集起来，发出巨大的爆炸声，形成音爆。

影子

你一定玩过影子游戏吧？把手放在灯前，就可以在对面的墙上，用手比划出一个大大的影子。你稍微动一下手指，影子就会大幅度移动。试想一下，如果你的灯足够亮，可以把影子直接投射到天空中的云彩上，而不是墙上。这时，你挥一挥手，云上的影子就会在一眨眼的时间里移动几千米！用这种方法，我们能让影子的速度超过光速吗？好吧，这个问题本身是不成立的，虽然影子在进行高速移动，但实际上，影子并不是物体，它只是天空中没有被光照到的区域而已。所以，这个方法同样无法用来实现超光速。

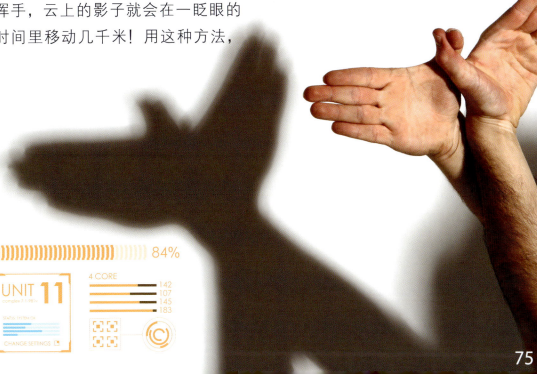

84%

UNIT 11

4 CORE

142
107
145
183

量子纠缠

量子力学

科学家正在研究一个新领域——量子力学。量子力学是非常复杂的，简单地说，它研究的是宇宙中最微小的粒子。当科学家在研究一些非常微小的物质时，比如光子，他们观察到了一些非常奇怪的现象。

为什么光会表现得如此奇怪呢？这个问题，就需要用到量子力学来解答了。

举个例子，科学家在观测微观粒子的特性时发现，相隔距离很遥远的两个粒子，居然有着极其相似的特性！

量子力学领域还有许多未知的东西等待我们去探索。

波

粒子

量子纠缠

STATUS: SYSTEM OK

有时候，两个粒子会被某种称为量子纠缠的效应联系在一起。这听起来是个难以理解的科学术语，简单地说，就是两个粒子即使被分隔开，也能够彼此影响对方。即使你把两个相互纠缠的粒子分别放在银河系的两端，它们依然是相互影响的。它们的这种关系，就像是两个有着心灵感应的双胞胎！科学家目前还不知道，它们为什么能如此快速地沟通！这种效应的速度超越了光速吗？

很遗憾，你又要失望了。虽然相互纠缠的粒子之间，交流的速度看起来比光速要快，但它们之间并没有传递任何实质的信息。比如，银河系两端的粒子，相互感应，却没有传递任何物质。当然，我们还不能轻易下结论，在这个领域还有许多东西有待探索，也许超光速仍有希望。

SYSTEMS OK

84%

银河

空间和时间

大爆炸理论

你一定听说过大爆炸理论吧！这个理论认为，宇宙是由一个致密灼热的奇点在一次大爆炸后膨胀形成的。我们今天所看到的所有行星和恒星都是形成于大爆炸之后。科学家认为，在大爆炸的过程中，宇宙膨胀的速度比光速还快。

也许这很难理解，不过空间和时间并非是固定不变的，它们可以被拉伸和压缩。你可以把宇宙想象成一个气球，在大爆炸发生后，宇宙中的空间就开始像气球一样膨胀起来。如果用手指去戳这个气球，你会发现气球的表面弯曲了。是的，空间和时间也会以同样的方式弯曲。

穿越空间的捷径

如果你要前往遥远的目的地，通过弯曲空间的方法，你有可能比光更快到达。你的速度不可能比光快，你能获胜是因为选择了一条捷径。这就像是一场跑步比赛，你的对手是学校里跑得最快的同学。虽然你和他一样需要跑到终点，但是你发现了一条更近的赛道。所以，就算你跑得很慢，也还是能赢得比赛！

现在看来，想要超越光速，通过寻找捷径的方式，是最好的方法。研究证明，捷径可能有很多种。

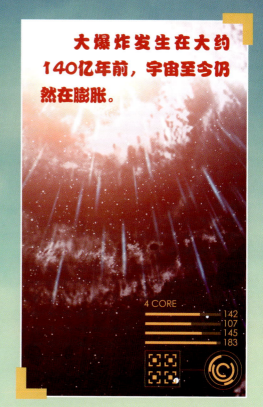

大爆炸发生在大约140亿年前，宇宙至今仍然在膨胀。

4 CORE
142
107
145
183

捷 径

虫洞

折叠空间

你可以通过动手实践，来了解虫洞的工作原理。很简单，你只需要准备一张纸和一支铅笔。

首先，在纸的左边画一个圆，假设这是地球。然后，在右边再画一个圆，假设这是我们要去的外星球。如果你愿意，还可以给它们涂上你想要的颜色！这两颗星球相距十分遥远，因为它们位于这张纸的两边。现在，把这张纸沿着中间对折，再用铅笔从地球的位置小心地钻一个洞，穿过中间对折的空间到达外星球。这样，你就制造了一个连接两颗星球的虫洞。

这就是虫洞的工作原理。通过弯曲空间，可以让两个本来相距遥远，彼此分离的点能够相互连接。在这个过程中，你需要创造一个虫洞，搭建一座连接空间两点间的桥梁。可是，怎样才能创建虫洞，并且保持它的畅通呢？一些科学家认为，某种叫作奇异物质的东西可能会有用。

我们需要一座桥，来连

量子虫洞

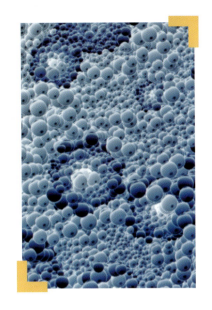

虫洞也许是超光速旅行最有可能实现的方式。以约翰·惠勒为代表的一些科学家认为，在被称为量子泡沫的地方，无数微小的虫洞正在不断生成。惠勒相信，宇宙中的空间就像是海洋一样，当你坐在飞机上透过窗户向下看时，会觉得海面风平浪静，可是当你近距离观察时，看到的却是波涛汹涌、电闪雷鸣。同样道理，惠勒认为，如果我们以极小尺度观察空间，就会发现许多微小的粒子正在制造着虫洞。

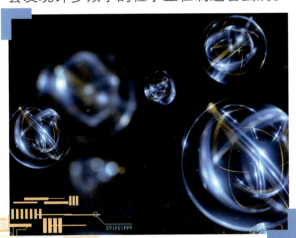

我们对宇宙的了解还很有限，还有许多奥秘需要去探索。也许这些微型虫洞的表现会跟我们预想的很不一样。对于这一点，科学家也不是很有把握。

这些微型虫洞同样需要一些奇异物质来使其扩大并保持稳定开放。可是到哪里去寻找奇异物质呢？

黑洞与白洞

黑洞

在宇宙中，如果将大量物质集中于空间一点，在它的周围就会产生奇异的现象：这个质点周围会形成一个界面——视界，一旦进入这个界面，任何物质都无法逃脱，即使是光。这种不可思议的天体就是黑洞。黑洞的引力很大，要逃脱它的"魔爪"，速度必须大于光速。

黑洞是无法直接观测到的，但可以通过间接的方式推测它的存在。如果有物体被黑洞吸入，这个过程是可以观测到的。

虽然无法看到黑洞，但并不意味着黑洞里边什么都没有。恰恰相反，黑洞将巨量的物质压缩在了一个极其微小的奇点中。黑洞质量的大小取决于它的体积。一个原子大小的黑洞，质量相当于一座山。

白洞

跟黑洞不同的是，白洞目前还仅是一种理论模型，尚未被观测所证实。白洞是一种性质与黑洞相反的天体。它是宇宙中的喷射源，可以向外部区域提供物质和能量，但不能吸收外部区域的任何物质和辐射。

如果我们能发现白洞的话，它看起来大概会是这个样子。

也许，在每一个黑洞的内部，都有一个虫洞，连接着远处一个白洞。假如真的如此，这很有可能是一条超光速旅行的捷径。当然，这个猜想现在还没有被证实。要不你跳进黑洞去找找看？结果可能有两种：要么你会出现在远方的一个白洞中，要么你立刻被压缩到黑洞的奇点中。第二种情况比较可怕。我们还是不要冒险，等待科学家进一步的研究成果吧。

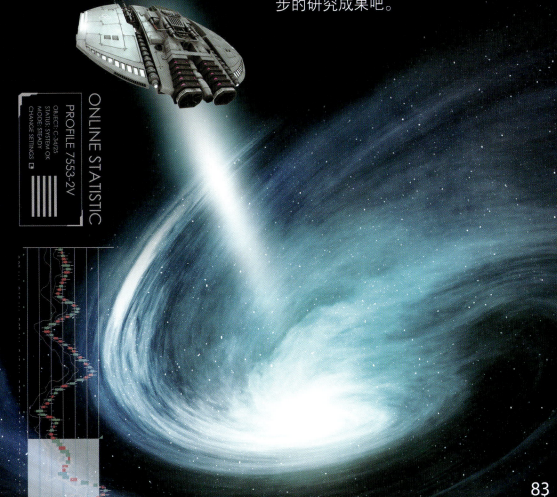

曲率驱动

　　空间可以像一张纸那样被折叠起来，也可以被拉伸和压缩。有一种叫作曲率驱动的理论对这个现象进行了解释。这个理论首先是由一位名叫作米格尔·阿尔库维雷的科学家提出的，后来又有许多科学家对它进行了补充。但是，这个理论提出的方案，同样需要一些奇异物质。确切地说，这套方案需要很多奇异物质。

把空间弯曲

　　曲率驱动的原理是：利用奇异物质将空间弯曲。这时，处于前端的空间会被挤压并变小，而后端的空间会变大膨胀。如果宇宙飞船位于中间的一个正常曲率空间的"气泡"中，就会被曲率波推动，以超越光的速度穿越银河系，进行星际旅行。

曲率驱动遇到的问题

　　要实现曲率驱动，还有一些问题需要解决。其中一个问题是，当我们需要让宇宙飞船停下来时，怎样才能让曲率波停止。如果无法停止曲率波，我们就会被困在曲率空间的"气泡"中，就像是一只被困在仓鼠球中的仓鼠。

在你以超光速飞行时，当一只被关在仓鼠球里的仓鼠可不是什么有趣的事。

奇异物质和超级能量

　　另一个问题在于，你需要获得大量的奇异物质，来实现曲率驱动。你要去的地方越远，需要的奇异物质就越多。当然，正是因为要去的地方很远，所以我们才需要超光速旅行。事实上，也有研究认为，想要实现曲率驱动飞行需要耗费极大的能量，我们现在根本无法提供。但是如果人类想要真正实现超光速星际航行，就必须考虑现在看起来是离奇的想法，比如曲率驱动。

奇异物质

什么是奇异物质

这里说的奇异物质，指的是一种叫作负物质的东西。

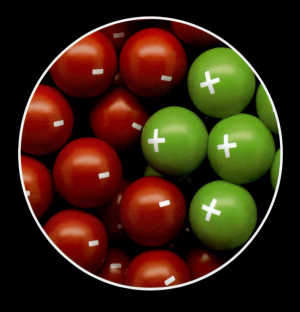

那么，什么是负物质呢？我们知道，电荷分为正电荷和负电荷，电池有正极和负极。科学家认为，物质也像电荷一样，可以被分为正物质和负物质。我们所看到的身边所有的物体都是正物质。如果某个物体是负物质，它的行为就会跟我们日常所见到的形式相反。比如，当你用力去推某个负物质时，它不但不会远离你，还会朝向你运动。是不是很神奇？

曲率驱动的燃料

曲率驱动需要负物质作为燃料才能运行。黑洞之所以能够压缩空间，吸收万物，是因为它是正物质。负物质所能做的事情与黑洞正好相反，它可以导致空间膨胀。所以，如果用它来使空间弯曲，曲率驱动就能实现超光速旅行。

它藏在哪里

那么，哪里才能找到曲率驱动的负物质？现在还找不到。科学家相信它们是存在的，虽然我们还无法在宇宙中的任何地方找到它们。

超光速的未来

看起来，想要实现超光速，科学家还有许多工作要做。不过，想象一下，如果我们已经掌握了所有这些超光速旅行的技术，会发生什么呢？那就意味着我们能够飞出太阳系，在星系之间穿行，去探索遥远的恒星和行星。科学家估计，银河系有超过十亿颗跟地球类似的行星，上面很可能也存在生命。假如那里生活着外星人，假如我们想要跟它们交流，我们就必须有更快的空间旅行技术。

逃离地球

除了要与外星人建立联系外，还有另一个需要前往那些类地行星的理由。我们脚下的地球虽然生机勃勃，但未必会永远如此。如果某一天一颗小行星撞击了地球，该怎么办？如果太阳老化死亡，不再发光发热了，该怎么办？还有其他各种理由，可能导致我们逃离地球。我们需要超光速才能前往未来的家园。

不用担心！距离下一次小行星撞击地球，可能还有一百多万年。而太阳老化死亡，是几十亿年后的事情了。不过，为将来早做计划总是对的，不是吗？

3.52

1.41

旋涡星系

如果能够前往另一个星系，那是一件多么美妙的事啊！宇宙中，分布着许多不同形态的星系。我们所在的星系——银河系，是一个大型的旋涡星系。除此之外，宇宙中还有很多矮星系。如果我们想要去这些地方，必须掌握超光速旅行技术。

再见，银河系

科学家发现，由于某些不知道的因素，大多数星系之间正在相互远离对方运动，并且彼此远离的速度越来越快。你可能会认为，宇宙大爆炸后，星系运动的速度在变慢，但事实并非如此。据我们目前所知，空间膨胀的速度比光速要快得多。如果这些星系不断加速远离，即使是最快的宇宙飞船，也追不上它们。

仙女座星系是距离银河系最近的旋涡星系，大约250万光年。它正朝着我们移动，450亿年后将与银河系相撞。

银河系

PROFILE 7553-2V
OBJECT: C-34/25
STATUS: SYSTEM OK
MODE: STEADY
CHANGE SETTINGS

时间旅行

在未来，如果实现超光速旅行，还有一件事我们必须考虑。根据爱因斯坦的相对论，你在旅行时的速度越快，你自身所经历的时间就变得越慢。这就是时间的膨胀效应。它意味着：你虽然只经历了一段 2 年时间的超光速旅行，但是对于地球上你的朋友和亲人来说，已经过去了 30 年。你实际穿越去了未来。

你跟地球的时差有多大，取决于你旅行的速度有多快，以及你去的地方有多远。如果我们已经掌握了超光速旅行的方法，可千万不要忘记它对时间的影响。

看起来，前往未来的时间旅行，比回到过去要容易多了。

SYSTEM
PROTECTION

LOGIN
PASSWORD

科学家们在做什么

现实中，我们距离实现超光速旅行还很遥远。目前，科学家似乎更关注其他领域，比如建造火箭把人类送往火星。科学家需要做的事情太多了，相对而言，研究超光速空间旅行技术并不是他们的首选。

下一个目标：登陆火星

太阳系还有许多奥秘等待我们去探索，比如土星的卫星、火星的表面，以及那些外层行星——天王星和海王星。相比这些确定的目标，研究超光速旅行并不是那么迫切。当然，也许实现超光速旅行并不像我们想象中那么遥远。

ONLINE STATISTIC

PROFILE 7553-2V

OBJECT: C-34/25
STATUS: SYSTEM OK
MODE: STEADY
CHANGE SETTINGS

1.592
1.586
1.572
1.561
1.554
1.541
1.532

你想要去哪里

宇宙中充满了各种奇妙的东西，如果能够实现超光速旅行，你就可以去探索它们了。那么，你想去哪里呢？你想去 HD 189733b 吗？那是一颗下着熔化的玻璃碎片雨的行星。你想去大犬座 VY 吗？那是人类目前所知的最大的恒星之一，它比太阳大 2600 倍！

也许你想去探索巨引源，那是一个巨大而神秘的地方，正在牵引周围所有的星系向它移动。又或者，你想去现在还观测不到的宇宙之外，去看看从未见过的世界？你会一直开着推进器飞行，直到宇宙的尽头吗？宇宙真的有尽头吗？

关于宇宙，还有许多未解之谜有待解开。如果你能够穿越星系，进行超光速旅行，记得往地球寄回一张明信片，告诉我们你看到了什么。切记，寄出明信片时也要使用超光速技术，否则的话，它可能永远都无法送回地球。

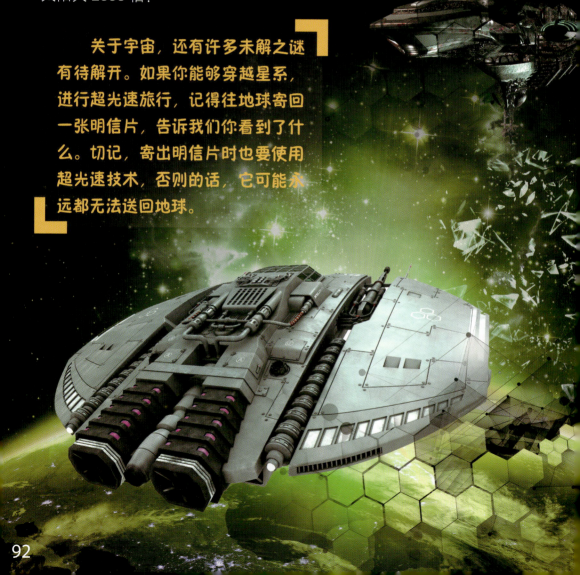

3.52

1.41

SYSTEM
PROTECTION

LOGIN
PASSWORD

FIRST NAME: JOE
LAST NAME: SMITH
HISTORY: MISSING

仿生义肢

什么是仿生学

　　仿生学是研究制造类似真实躯体的科学。英文仿生学（bionics）一词来自生物学（biology）和电子学（electronics）。一条类似人类手臂的电子手臂就是仿生手臂。仿生学旨在让我们变得更快、更强、更聪明。

　　这听起来像是未来的科技，但事实上仿生技术早已进入实际应用中了。助听器就是应用仿生技术的一个例子，它可以帮助有听力障碍的人更清晰地听到声音。自从仿生学诞生以来，科学家和工程师一直在努力制造更好、更先进的仿生部件。未来仿生学最引人瞩目的发展之一就是仿生义肢。

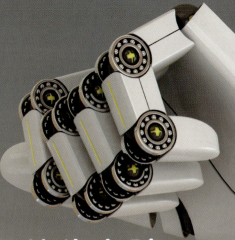

什么是仿生义肢

　　我们的肢体包括手、脚、胳膊和腿。仿生义肢就是它们的机械版本。你有没有想过机械手臂是如何工作的？没错，它们正是仿生学的应用。仿生义肢能够帮助那些生来缺少某个肢体或者不幸截肢的人。

假肢

　　假肢是人造的躯体。截肢者常常会使用假肢。听到"肢体缺失"，我们往往会想到海盗带钩子的假手和木头的假腿。那是因为木腿和钩子手都是早期典型的假肢。幸运的是，现在假肢技术已经有了很大的进展！仿生义肢就是最新型的假肢。

科幻里的仿生学

　　人们一直梦想能用新技术改造自己的身体。想象一下，仿生手臂带给你超强的力量，让你能够轻松举起小汽车和公交车；仿生手臂和仿生腿能随心所欲地变长，助你成为篮球冠军。手臂和腿很容易骨折。如果你骨折过，就会知道那有多痛苦！但仿生义肢不怕骨折，它可以轻松更换或修理，相当吸引人，不是吗？成为半机械人，能带给我们超人的能力。如果你有机会成为半机械人，你会接受吗？

许多作家和电影编剧都在作品中幻想过，未来机器与人合为一体，他们把人的机械躯体部分称为"增强控制"。科幻小说中常常出现这样的情节：有人冲昏了头脑，把自己变成了"赛博格"。赛博格，又称可控生物体，是指同时具有人类躯体和仿生躯体的人。

在电视剧《神秘博士》中，一支名为赛博人的赛博格外星种族，是博士无法消灭的反派。为了永生，他们删除了自己的情绪，变成了一支冷酷、无情的金属军队。如果这样能够永生，你愿意成为一个人与机器的混合体吗？

要建造一支机器人军队似乎遥不可及。不过，仿生躯体的未来也许并没有你想的那么遥远。事实上，科学家已经制造出实用的仿生义肢了，其中的一些甚至可以受我们的大脑控制！

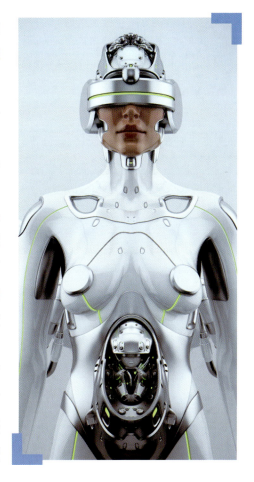

DATA LOAD...

仿生义肢：
运动与感觉

仿生与生物

人的肢体是由肌肉和骨骼构成的，而仿生肢体则是由机械构成的。为了让仿生肢体活动，科学家必须首先了解我们的肢体是如何活动的。大部分人都很幸运，能够随意活动胳膊和腿，甚至都没有意识到自己在活动它们。如果不小心碰到一个滚烫的盘子，你会在毫无意识的情况下迅速缩回自己的手。对你来说，这一切仿佛都是自动的。但实际上，为了产生这个动作，你的身体做了很多事。

你的身体遍布各种神经细胞，它们是你的神经系统的一部分。神经系统管理你的运动和各种感觉。当你触碰到一个滚烫的盘子时，手指上的神经末梢会向大脑传递一条信息，让它知道你处于痛苦之中。于是大脑立即会给手指上的肌肉发送一条信息，让它们迅速离开危害物。

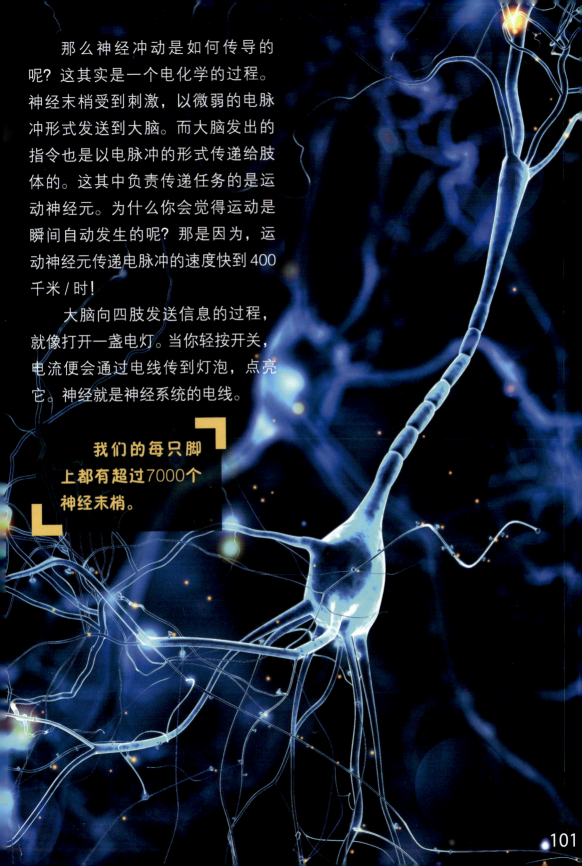

那么神经冲动是如何传导的呢？这其实是一个电化学的过程。神经末梢受到刺激，以微弱的电脉冲形式发送到大脑。而大脑发出的指令也是以电脉冲的形式传递给肢体的。这其中负责传递任务的是运动神经元。为什么你会觉得运动是瞬间自动发生的呢？那是因为，运动神经元传递电脉冲的速度快到400千米/时！

大脑向四肢发送信息的过程，就像打开一盏电灯。当你轻按开关，电流便会通过电线传到灯泡，点亮它。神经就是神经系统的电线。

我们的每只脚上都有超过7000个神经末梢。

思维控制的
仿生义肢

　　机械运动和人体运动存在某些相似，所以成为半机器人也许要比想象中容易。既然身体内存在生物电，那我们是不是可以用它来给机械手臂供电呢？

　　这就是科学家长期以来一直在探索的问题。到目前为止，假肢还不能很好地自主活动。一些假肢可以复制另一边真实手臂的动作，但这并不是很有用。在日常生活中，我们需要分开使用双臂。想想你是怎么吃晚饭的：一只手拿叉，而另一只手拿刀。

如果我们能把大脑、身体和假肢连接在一起，制造出思维能控制的机械手臂就有了可能。当然，在科幻世界里，安装一个受思维控制的仿生肢体非常简单：直接拧上去，然后就好了。但不幸的是，在现实世界里，它有点儿复杂，不过仍然是可行的。

聪明的工程师已经找到了一种方法来给人们安装仿生肢体，并通过神经传导的电信号来控制它。

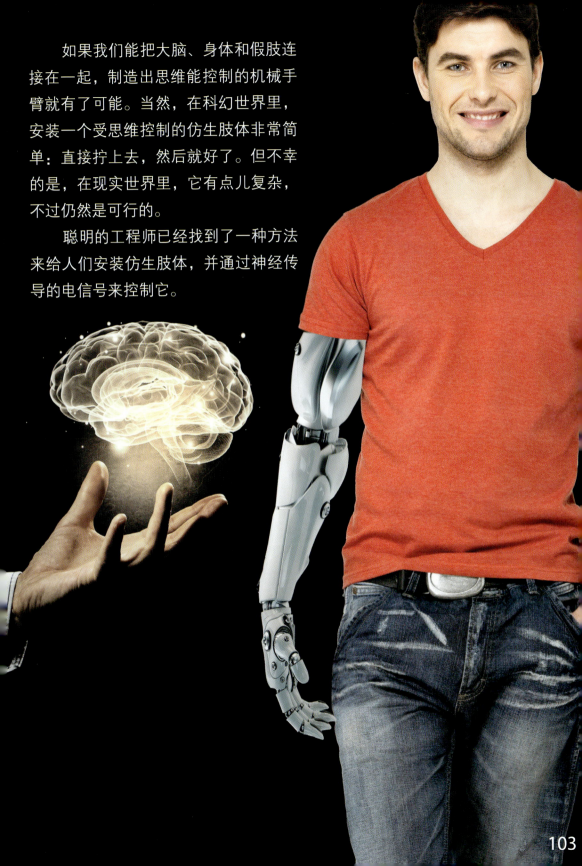

幻肢疼痛

有许多人经历了截肢，有的失去一条肢体，有的失去更多的肢体。在截肢时，连接肢体和身体的神经被切成了两段。

即使肢体被切除，大脑仍会向它发出信息。当这些信息陷入死胡同时，大脑会非常困惑。

它会引起一种叫作幻肢疼痛的现象。人们会感觉到肢体疼痛，尽管它已经不复存在。幻肢疼痛最糟糕的问题在于它无法完全治愈。一个能被大脑控制的仿生肢体可以帮助减轻疼痛，因为它可以将大脑的信息传递到某个地方。

用思维控制仿生义肢

　　在还没制造出受思维控制的仿生肢体之前，患者需要实施手术，将被切断的神经连接到身体其他健康部位的肌肉上。如果一个人的手臂被截肢，那么医生通常会将受伤的神经连接到他的胸肌上。这意味着大脑发送给缺失肢体的信息，将会循环送至患者的胸部。

　　信息以电脉冲的形式发送到肌肉上，而电脉冲可以用电极来测量。通过分析这些电脉冲，我们能够发现大脑想要做什么。这些信息随后被发送到仿生肢体，于是它就可以按照患者的想法精确活动了。

触觉仿生

　　思维可以控制假肢，这的确很惊人。它使得假肢更加逼真。不过，仿生义肢还可以做得更好。毕竟真正的肢体并不仅仅能活动，它们还能感觉。

　　触觉很重要，它可以产生触感，让你感受到猫的皮毛是柔软的，砖墙是粗糙的。我们的皮肤能感知温度、压力、疼痛乃至运动。这对我们的生活非常有用。感知温度的能力有助于保护我们。它会提醒你在很冷的时候戴上手套，在发觉水龙头流出的是滚烫的热水时把手缩回来。

感觉的产生

和运动一样，我们之所以产生感觉，也是因为有信息在身体和大脑之间传递。我们的皮肤上有几百万个感受器，不同的感受器产生不同的感觉。有些感知温度，有些产生触感。当你触碰某个物体时，这些感受器会发出信息，通过感觉神经元传递到大脑。感觉神经元传递的是感觉，运动神经元传递的则是运动。

皮肤是我们身体最大的器官。

你身体某些部位的感觉感受器要比别的部位多，比如指尖。1平方厘米指尖大约有 2500 个感觉感受器。这使得手成为我们探索周围世界最重要的工具之一。这也是为什么仿生手掌不能只具备活动的功能，还应具有感觉的原因。

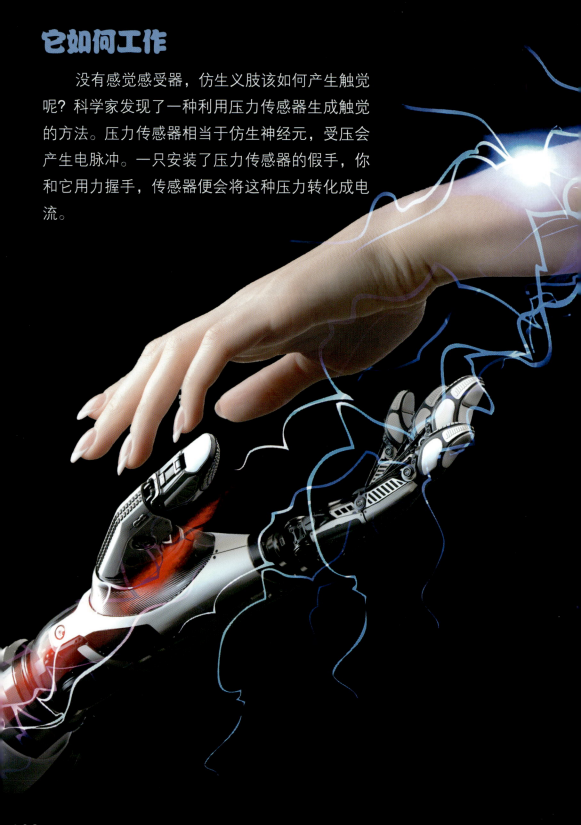

它如何工作

　　没有感觉感受器，仿生义肢该如何产生触觉呢？科学家发现了一种利用压力传感器生成触觉的方法。压力传感器相当于仿生神经元，受压会产生电脉冲。一只安装了压力传感器的假手，你和它用力握手，传感器便会将这种压力转化成电流。

使用仿生肢体来"感觉"，电信号必须送至患者的大脑才能被理解。幸运的是，我们已经知道如何做到这一点。压力传感器的信号可以发送至微处理器，在这里，它们被转换成某种特定的模式。这种模式就像大脑的指令一样，可以通过电极传递给身体里的神经。以这种方式，大脑便能接收压力传感器发送的消息，产生"感觉"。

虽然仿生肢体能带给我们超人的能力，失去触觉依然是一种遗憾。当你站在海滩上时，你永远无法感受到牵手带来的温暖，也无法感受到脚趾间的细沙流过。这项新技术可以产生触觉，让假肢更为逼真。

如果在仿生肢体上安装温度、触觉、疼痛和压力传感器，它们也许会变得和真正的肢体一样敏感。

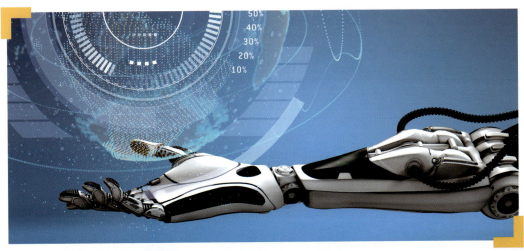

仿生皮肤

现在，我们已经可以制造出像真实肢体一样活动和感觉的仿生义肢。接下来的挑战是让它们看上去更接近真实的肢体。哪怕机器人有多厉害，你也许依然喜欢我们人类的外表。但问题在于，把仿生肢体做得像真正的肢体是一项非常复杂的技术。

有些假肢看起来十分真实，它们可以设计成与人的肤色相匹配，上面甚至有毛发和雀斑。遗憾的是，这样的假肢都不具备仿生功能。然而可喜的是，有些科学家已经开始了下一个挑战：仿生皮肤！

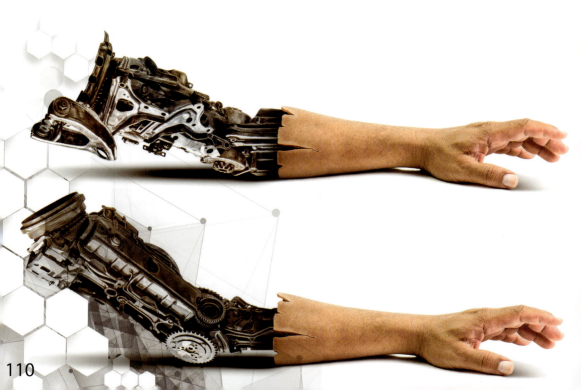

理想情况下，仿生皮肤应该看起来像是人类真正的皮肤，并且有各种感觉。科学家用 3D 打印机打印出压力传感器等电子传感设备，用来制造具备感觉能力的仿生肢体。3D 打印机的工作方式类似于普通打印机，不过用的不是墨水，而是通过逐层打印金属或塑料等材料来构造 3D 物体。科学家相信 3D 打印技术可以用在人造皮肤上，制造出看起来更真实的皮肤。也许未来我们可以向使用螺母和螺栓固定的金属质地的机器人挥手告别了。有了人造皮肤，即使赛博格就生活在你身边，你也无法发觉。

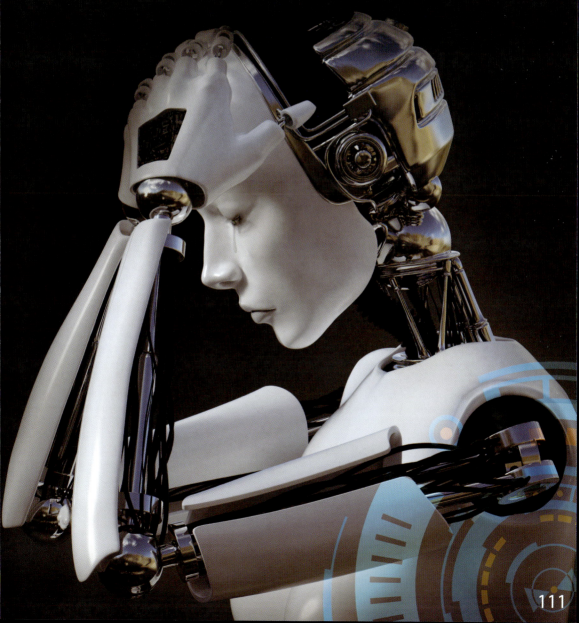

仿生知觉

仿生义肢能切切实实地起到帮助我们的作用。有时，身体的其他部位也可能出现问题，仿生学能提供很有效的解决方法。它的最大优势是：坏了可以修好！

仿生眼

对于一些无法用药物或手术治疗的疾病，如天生失明或因年龄增长而失明，仿生学也许有办法。想象一下，如果因为失明不能看书、看电影或者看到朋友的模样，那是多么糟糕的事。而仿生学能修复我们失去的视力，真是太神奇了！仿生眼的出现也许意味着以后没有人需要戴眼镜了。

要了解仿生眼的工作原理，我们需要先了解真正的眼睛是如何工作的。当光线进入眼睛，会落到视网膜上成像，然后通过视神经传送到大脑，我们便知道看到了什么。

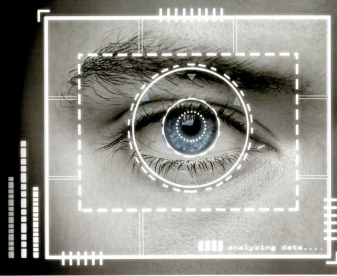

虽然仿生眼的技术非常复杂，但它最基本的是两件非常简单的东西：一副眼镜和一台摄像机。摄像机安装在眼镜上，拍摄下眼前的场景，发送给微芯片处理器转换成电信号，再传输给眼睛中的人造视网膜，最后传送到大脑。这样，你就借助仿生眼看到了眼前的场景。

目前，仿生眼的技术还不完美。它只能"看"到黑色和白色，但总比什么都看不到强。

通过仿生眼看到的世界是这样的。

仿生耳

科学家不仅发明了仿生眼，还发明了仿生耳。事实上，仿生耳的原理比仿生眼简单。你也许会认为，让一台机器听到声音很困难，但实际上这种技术早已普遍应用。想一想，你是不是曾经在手机或电脑上使用过语音输入？这就是语音识别技术，它可以将声波转化成电信号。

仿生耳

耳蜗是耳内传导并感受声波的结构。就像人造视网膜可以帮助人们重现视力一样，如果一个人的耳蜗受损，人造耳蜗也可以帮他重现听力。当然，这也是仿生学的应用之一。和助听器不同的是，助听器只能放大声音，而仿生耳可以让完全失聪的人通过三步听到声音：

1. 声音处理器接收声音，并将它们转换成数字信号。

2. 数字信号被发送到人造耳蜗，并转换成电信号。

3. 电信号被发送到大脑进行解读。

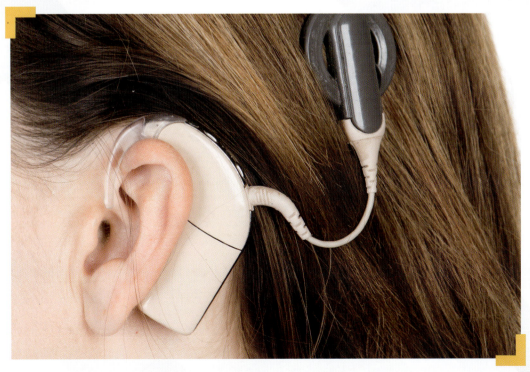

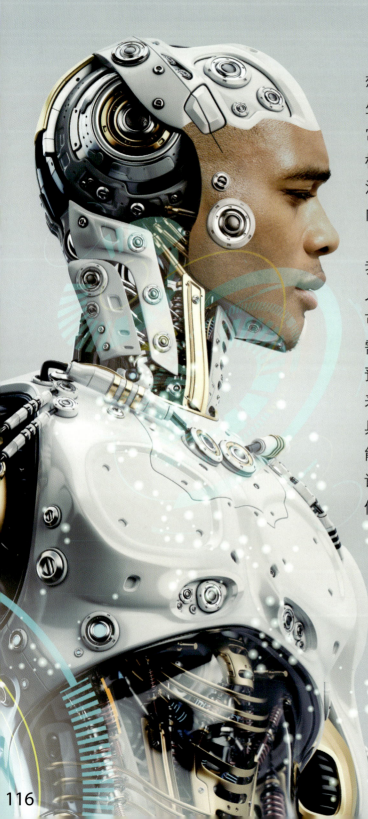

人与机械

多年来，人类一直梦想着制造出能和我们一起生活，并帮助我们完成日常工作的机器人。但如果机器人不是和我们一起生活，而是生活在我们的体内，那会怎样呢？

随着仿生技术的发展，我们每个人都可能成为"超人"。毕竟，既然自己就可以成为机器人，那谁还需要机器人呢？谁也无法预测仿生技术接下来会带来什么。强壮的仿生肢体？具有透视功能的仿生眼？能够窃听隔壁嘈杂房间里谈话声的仿生耳？还是把你变成赛博格特工？

现实中的
赛博格

尼尔·哈维森

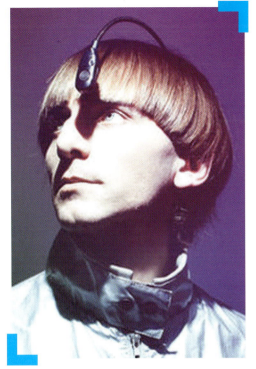

如果你认为赛博格只是未来的幻想，那就大错特错了。已经有人获得了"赛博格"的称号。尼尔·哈维森是世界上第一位脑部植入电子传感器的赛博格。他是个艺术家，但却天生色盲，这意味着他的眼睛分不清颜色。

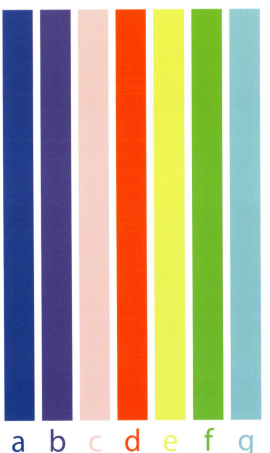

a b c d e f g

一根植入他大脑里的"天线"让他"看"到了颜色。他的天线能将不同颜色转换成不同频率的声音，让他通过听的方式来感受不同的色彩。由于他的大脑是和天线连接在一起的，所以他对世界的看法和其他人完全不同。

哈维森甚至还创办了赛博格基金会。这是一个帮助人们实现成为赛博格的梦想，并为赛博格的权利而斗争的团体。当心，机器人要革命了！

哈维森的天线还能帮他接电话！

117

仿生大脑

我们的大脑非常神奇。它控制我们的身体，帮助我们认识周围的世界。大脑是我们所有思想、情感和记忆的来源——大脑使我们成为人。你可能听说过大脑储存信息和记忆的方式类似电脑，但如果它真是电脑呢？我们能制造出仿生大脑吗？

拥有仿生大脑有许多好处。你可以直接从互联网把信息下载到你的大脑里，不必再学习新知识，不必再去上学了！用一个更好、更快的大脑，取代容易疲劳的旧大脑，让我们张开仿生义肢迎接真正的赛博格生活吧！

也许，一个拥有超级智能、完全仿生的大脑，更属于科幻世界，而不是科学世界。然而，科学家确实在努力仿生部分大脑。他们已经发现了利用微芯片来重新连接大脑受损部分的方法。

有时候，头部受伤会导致人瘫痪。这意味着他们无法控制自己身体的某些部位。科学家希望微芯片能修复大脑中断开的连接。对于瘫痪的人而言，这也许能让大脑发出的信息到达瘫痪的身体部位。微芯片的作用就像大脑的仿生义肢一样！

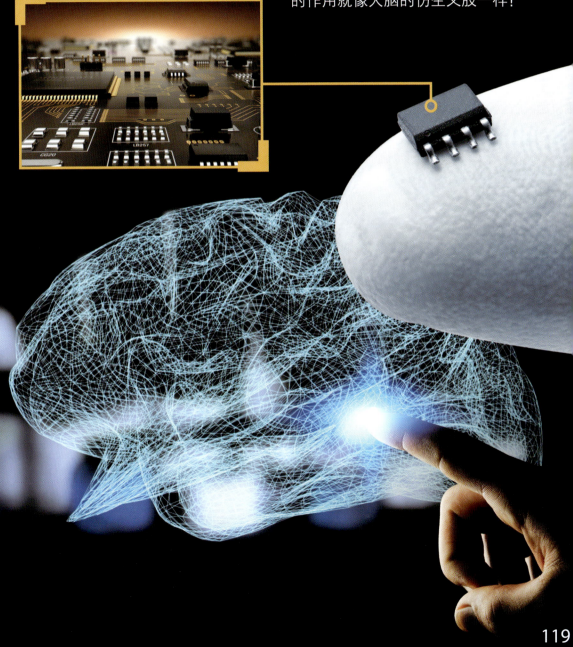

仿生学的未来

　　仿生学的世界正在快速发展，但一切是否都像看上去那么美好呢？仿生大脑也许很棒。我们可以直接下载正确的答案，不必再为了考试而学习。我们甚至可以下载和分享我们的记忆，或者记录下我们的梦境，想看的时候再回放。

　　但是，如果出差错了怎么办？那将会发生什么？电脑会经常死机，但我们的大脑不能。如果你正在考试，而你的仿生大脑突然崩溃了，失去了所有的记忆，那该怎么办？更令人担忧的是，如果大脑真的像电脑一样，那它很有可能也会遭遇黑客入侵。如果我们的思想和情感都储存在仿生大脑中，那意味着其他人也许可以入侵我们的大脑，阅读我们的思想！

好吧，也许仿生大脑有点冒险，那么仿生身体呢？如果我们在身体出现故障时，用仿生肢体、仿生器官或仿生皮肤替代它们，也许我们可以活得更长久，也许仿生学还可以帮助我们永生。

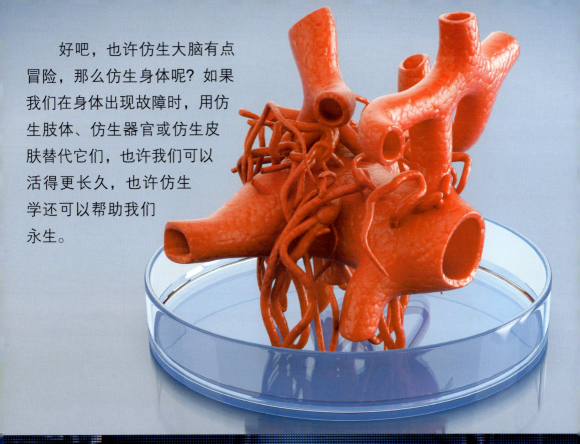

仿生眼、仿生耳和仿生皮肤能给我们带来超级感官。有些光线，比如紫外线和红外线，我们知道它们存在，但是看不到。想象一下，如果有一双仿生眼能够捕捉到这些光线会怎么样？一旦拥有超级感官，你将会发现世界变得截然不同。

蝙蝠可以看到紫外线。

期待升级吗

如果能获得超级力量、超级感官和超级智能，你会将你的人类身体升级成赛博格吗？也许要不了多久，每个人将不再追求最大的电视或者最新的游戏，而是最新的赛博格。也许在你一无所知的情况下，你会有个赛博格老师，他的后脑勺还隐藏了一双仿生眼！

仿生学确实可以帮助那些身体有残疾的人。不过，如果世界上的每个人都想成为赛博格，那会发生什么？我们会失去那些使我们成为人类的东西——我们的记忆、我们的情感，以及我们的个性，变成冷酷无情的机器人种族吗？如果这激发了你的想象，为什么不试着把它写进你的科幻小说呢？说不定哪一天，你写的东西就会变成现实。

SYSTEM
PROTECTION

3.52

1.41

123

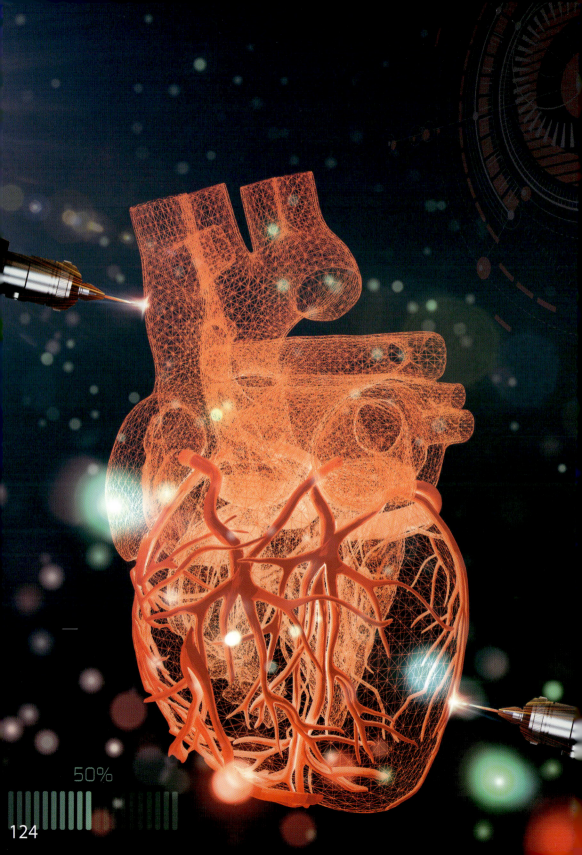

复制机

科幻里的复制机

饿了吃什么

如果饿了，你会想吃点什么呢？意大利面？烤肠和土豆泥？一大块巧克力蛋糕？如果有一台机器，揿下按钮就能制作出你想要的食物，那该有多棒啊！告诉你，这种机器是存在的，接下来你将了解到关于它的一切。

在科幻世界中，这样的机器被称为复制机，因为它们能轻松复制物体。你只需要扫描一份巧克力蛋糕食谱，这台机器就永远学会了如何制作巧克力蛋糕。你扫描的食谱越多，机器能制作的食物就越多。这简直太棒了！你能用它复制任何食物，比如双层巧克力蛋糕！

创造与回收

复制蛋糕只是复制机的一个小小的功能。在科幻世界中，复制机常被用于制造工具、衣服和零件等。有时候它们甚至会被用来制造空气，供人们在远离地球的宇宙飞船上呼吸。复制机还能破坏和回收物体，就像《星际迷航》里描写的那样。

从无到有

复制机的最大用处之一，是它能够利用"稀薄的空气"创造物体。但这真的可能吗？其实，这要看"稀薄的空气"到底是指什么。如果你想做一个蛋糕，那么你可能需要鸡蛋、面粉、黄油和其他所有配料。但我们能不能换一种方式呢？比如只需要少量粉末原料，或者大量的能量？这就是复制机需要解决的：到底需要什么原料，以及它究竟可以制造什么。

复制机的用途

食物

　　如果我们想要的任何东西都可以迅速用复制机制造出来，很多问题就能轻松解决。世界上的每个人都将拥有充足的食物，再也没有人挨饿。农场也不需要饲养那么多动物，这将带来更好的环境。

其他更多的物体

　　当然，复制机的用途不仅仅是用于制作食物，它还能制造家具、书籍，以及玩具，等等。想象一下，当在太空遨游的宇宙飞船的引擎损坏时，一台复制机将会多么有用！航天员只要用复制机制造出所需的引擎部件，就能马上修好损坏的引擎。

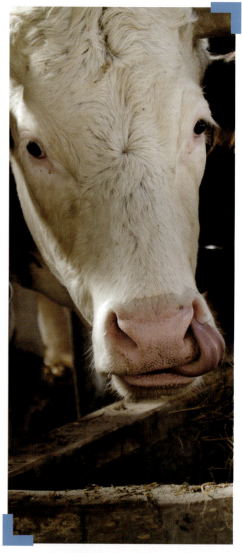

这些鞋子是在一台类似复制机的真实机器中制造出来的。

活体组织

复制机在活体组织制造领域非常有用。它能为生病的患者制造器官，比如心脏或肺。需要器官移植的患者通常要等待很长时间才能得到捐献。如果有了复制机，情况就会有所不同。

所有的生命都会得到拯救！

房屋

如果建造一台足够大的复制机，我们还可以用它来造房子。用机器代替人来造房子，将会大大加快建设速度。这样就可以帮助那些在自然灾害中无家可归的灾民，以及在未来帮助航天员在其他星球上建立基地。

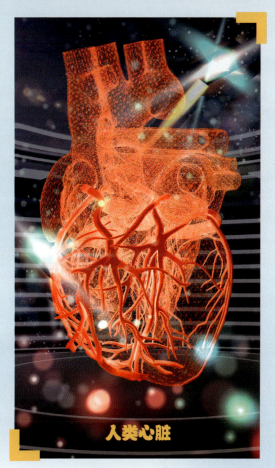

人类心脏

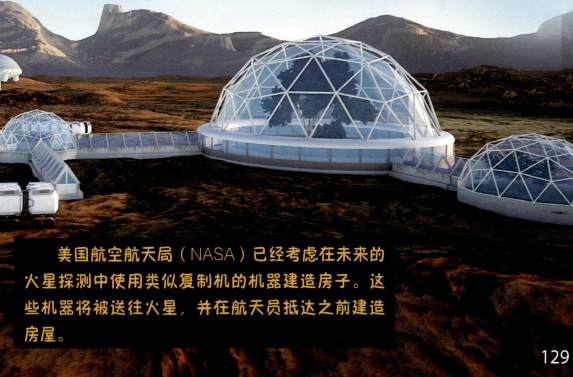

美国航空航天局（NASA）已经考虑在未来的火星探测中使用类似复制机的机器建造房子。这些机器将被送往火星，并在航天员抵达之前建造房屋。

现实中的复制机

我们先回到现实中来，看看已经在研制的复制机究竟能做些什么。

食品复制机

科学家已经研制出了一种食品复制机。只需在机器中放入一小盒原料，轻轻按下按钮，大约 30 秒后就能吃到一顿丰盛的饭菜。它的工作原理是将冷冻干燥的原料和储存在机器内的各种液体混合在一起，快速烹饪成食物。

这种食品复制机与科幻世界中的复制机并不一样。它需要把原料放进去，也需要定期补充液体。目前它只能做几顿饭。而且我看过菜单，很简单，没有双层巧克力蛋糕。所以说它还算不上真正意义上的复制机。

NASA的有趣玩意儿

NASA 赞助了一项设备研究，旨在为航天员在太空中制造比萨。它的原料是青草、昆虫和海藻等各种物质磨制成的有机粉末。由于要在太空中使用，制造比萨过程中是不能产生油烟的。当然，NASA 的目的不仅仅是制造比萨，他们还想设计出各种类似复制机的设备，供航天员在太空中使用。

航天员可以在太空享受他们喜欢的比萨。

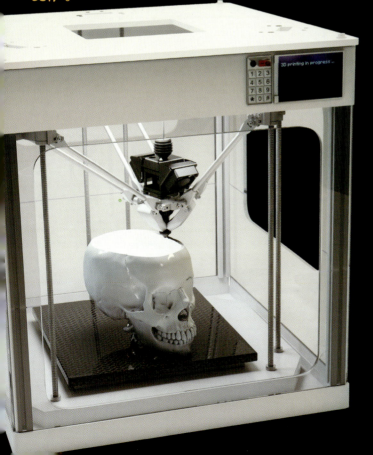

其实，这也算不上什么新技术。NASA 只是利用了 3D 打印技术。3D 打印可能是目前最接近复制机的技术，而且它的发展非常迅速。

3D 打印最早出现于20世纪80年代。许多人认为，它将会对我们未来制造物品的方式产生重大影响。

3D打印的工作原理

普通打印机在纸上打印文字或图像，实际上是往纸的表面喷射一层墨水。3D打印机的原理是：逐层打印，直到创建出一个3D物体。当然，3D打印机可以根据物体的材质使用各种不同的材料来构建打印层。

3D打印机使用的材料可以是塑料、玻璃、金属，甚至巧克力。这些材料通常都是粉末或者液体，打印完后用激光或特别的胶水进行黏合。一层打印完后，机器就会打印下一层，然后再下一层，直到完成整个物体。这就是3D打印的工作原理。

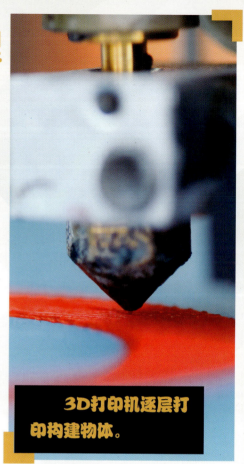

3D打印机逐层打印构建物体。

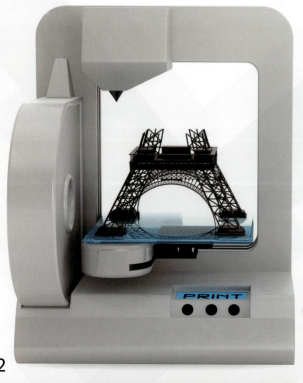

可以将金属制成粉末，用于打印金属材质的3D物品。

3D建模

　　就像科幻世界中的复制机，3D打印机在制造物品的时候也需要一个指导计划，告诉它每一层该怎样打印。通常，这项工作是在计算机中制定完成的，又叫 3D 建模。

3D扫描

　　有时候，也可以借助 3D 扫描设备来快速建模。扫描设备扫描物体，生成数据传输给计算机。然后由计算机根据这个模型来设计打印的物品。打印机只需要执行指令一层层叠加打印即可。

将物体扫描到计算机中。

哪些东西能够3D打印

NASA的扳手

国际空间站上有一台3D打印机。通常，3D打印机很难在太空中工作，因为所有东西都会飘浮在空中。幸好世界上充满了聪明的家伙。他们中的一些人想办法发明了一台能在空间站工作的打印机。

为了测试这台打印机，地球上的工程师设计了一个扳手，并把这个设计发送到国际空间站的3D打印机上。于是太空中的航天员便可以打印出这个扳手，并直接使用。

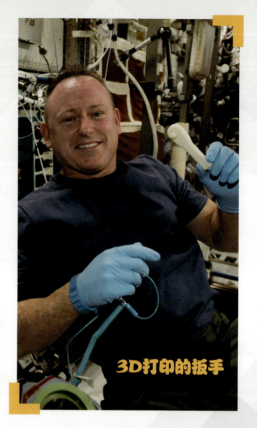

3D打印的扳手

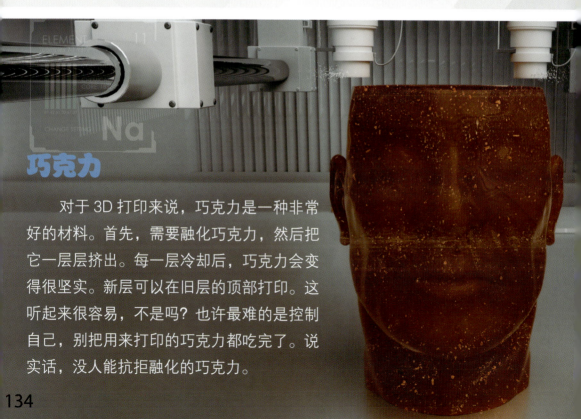

巧克力

对于3D打印来说，巧克力是一种非常好的材料。首先，需要融化巧克力，然后把它一层层挤出。每一层冷却后，巧克力会变得很坚实。新层可以在旧层的顶部打印。这听起来很容易，不是吗？也许最难的是控制自己，别把用来打印的巧克力都吃完了。说实话，没人能抗拒融化的巧克力。

每家一合

有一天，也许我们家里都会有一台 3D 打印机。真到了那时候，我们就可以轻松替换任何旧的、损坏的东西。你把妈妈的花瓶打碎了，怎么办？快，去开 3D 打印机打印一个！

打印花瓶可能需要几个小时。让我们祈祷这段时间里没人发现。

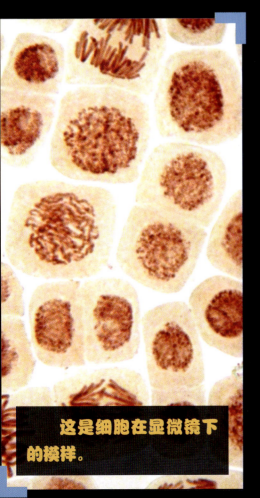

这是细胞在显微镜下的模样。

组织和器官

3D 打印不仅能打印塑料和金属，它更大的用途是打印我们的身体组织和器官。为了更好地理解，我们必须先了解一些关于细胞的知识。每个生物都是由细胞组成的。猫、狗等动物，以及人类，全都是由许多不同类型的细胞组成的。每种细胞的功能不同。这些细胞通过复杂的组合，形成了我们的身体组织和器官。所以，打印组织和器官非常困难——因为你不能胡乱地把细胞堆在一起！

生物打印

目前，3D 打印机已经可以打印出活体组织。不过，如果你想看到复制机中出现一颗跳动的心脏，那可能还要再等一段时间。还没人能复制一个功能完备的人体器官，但我们可以使用 3D 打印来修复部分器官、皮肤或者骨骼的破损部位。

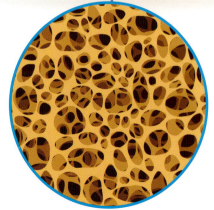

生物墨水

3D 打印机通常使用生物墨水来制造活体组织。生物墨水是由不同的细胞组成的混合物，它还需要一个支架，以便让那些细胞保持正确的形状。要使用生物墨水，打印机通常至少需要两个喷嘴：一个打印细胞，另一个打印支架。打印完毕，细胞融合在一起，形成组织。支架一般由水基凝胶制成，它最后可以通过溶解于水来清除。

生物打印不仅用于修复活体组织，还被用来防治疾病。在研究疾病的病理过程中，可以用 3D 打印的活体组织来代替真实的活体组织做实验。这是一种很安全的研究方法，科学家因此可以掌握更多关于疾病感染的数据。

136

在实验室里"种肉"

让我们再来看看 3D 打印在食物制造领域的应用。3D 打印能制造活体组织，就意味着能够复制肉类做食物。首先，从你想吃的动物——比如牛的身上提取细胞。然后对这些细胞进行培养，让它们繁殖。接下来你就可以得到数以百万计的同类细胞了。

牛不太会介意你提取它们身上的细胞。毕竟它们体内有上万亿个细胞。

这些细胞会聚集在一起，变成一条条肌肉。再将它们与脂肪混合，通过 3D 逐层生物打印，最终变成你吃的汉堡包里的肉饼！也许不久以后你就能吃到这种实验室里制造的牛肉。也许在遥远的未来，你甚至可以在家自己打印牛排。

干细胞:
大自然的复制机

你也许已经发现了,细胞就像大自然的复制机。它们似乎很擅长自我复制。但与 3D 打印机不同的是,大多数细胞无法复制出所有机体细胞。构成皮肤的细胞只能产生同类的皮肤细胞;构成骨骼的细胞只能制造更多的骨骼细胞。但是,有一种特殊的细胞,它们做的事情有点儿不同。

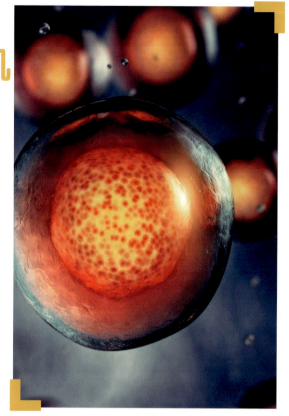

这些特殊的细胞叫作干细胞,它们是自然界最伟大的复制机。干细胞非常特殊,因为它们能够变成各种不同的细胞。当雌性怀孕时,会有一系列干细胞在她体内形成胚胎。胚胎干细胞通过分裂和繁殖,最终形成胎儿,一个完整的人!所有的手指、器官、眼睛和皮肤,都是由母体内的干细胞形成的。

干细胞也存在于儿童和成人体内。尽管它们不能再变成各种细胞,但对于修复我们的身体来说,它们依然非常有用。

干细胞研究

全世界的科学家都在努力研究干细胞。这种特殊的细胞在治疗疾病和修复机体损伤方面非常有用。例如，帕金森综合征是一种会损坏大脑中某些细胞的疾病。而脑细胞和其他细胞不同，它们不能自然更新，所以会引发各种健康问题，比如使人身体僵硬、运动迟缓，以及产生帕金森颤抖。但是，如果能向大脑注入干细胞，也许就可以替换死亡的脑细胞，修复损伤。不过科学家还不能确定这种方法是否有效，这也是需要对干细胞进行大量研究的原因。

干细胞

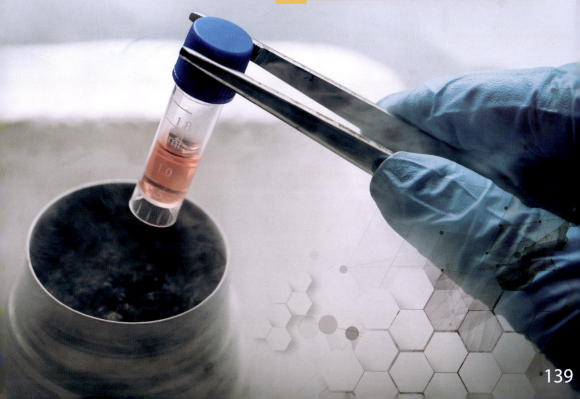

克隆

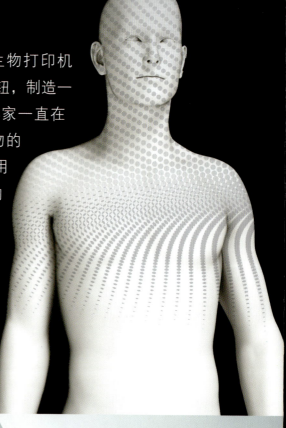

　　如果能把自己扫描到一台 3D 生物打印机里，你会这样做吗？你会按下打印按钮，制造一个自己的精确副本吗？事实上，科学家一直在从事这方面的研究。制造动物或植物的复制品被称为克隆。当然，并不能使用 3D 打印来克隆人体。我们没有合适的设备来扫描细胞那么小的东西——至少现在还没有。人的身体太复杂，没办法用 3D 打印机克隆。不过科学家曾经克隆过动物。他们采用了一种名为"核移植"的技术。在了解什么是核移植之前，我们先来学习一些生物学的基本科学知识。

细胞核

　　构成动物和植物的细胞有一些共同点，其中之一就是它们都有细胞核。它是细胞的控制中心，告诉细胞如何生长与繁殖。它有点像是细胞的大脑。细胞核中储存着DNA，它对于克隆生物非常重要，所以我们必须了解什么是DNA。

DNA

你的 DNA 就像是一段信息，解释了关于你的一切。它告诉你的细胞该如何制造你，是的……制造一个完整的你！例如，你头发是什么颜色，你有多高，你最喜欢的水果是什么。这些信息都被保存在你的DNA里，它们是你的遗传密码。DNA 可以复制，当一个细胞分裂成两个细胞时，每个细胞里都有一组 DNA。

遗传密码不是随机的，它由你父母的 DNA 混合而成。这就是为什么人们常常和父母长得很像，以及为什么你和你的朋友看起来如此不同。

DNA 呈双螺旋形 ————————○

核移植与多莉羊

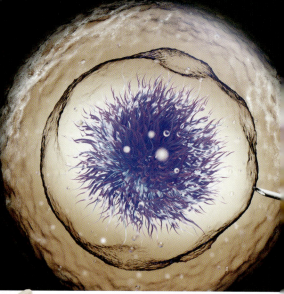

20 世纪 90 年代，英国科学家决定克隆一只绵羊。他们想制造这样一种动物，它不是父母的混合，而是另一只绵羊的复制品。为了达到这个目的，他们进行了核移植。

1. 首先，从一只雌性绵羊的卵细胞中摘除细胞核。

2. 然后，从一只白脸羊的细胞中取出细胞核，放入卵细胞中。

3. 卵细胞被植入黑脸羊体内分裂繁殖，直至形成一只小羊羔。黑脸羊生下了这只羊羔。

4. 它就是克隆羊多莉。多莉的脸是白色的，就像那只提供细胞核的白脸羊一样。尽管是黑脸羊生下了多莉，但多莉没有任何类似黑脸羊的地方，因为它们的 DNA 不一样。

多莉是白脸羊的克隆，因为它们的细胞中都有同样的 DNA。DNA 没有发生混合，所以只有白脸羊的细胞被复制了。

未来的某一天，只要有了 DNA，我们就可以克隆出已经灭绝的动物。不幸的是，我们没有恐龙的 DNA，不过我们有一些猛犸象的 DNA。

自从多莉诞生以来，人类又克隆出许多动物，小的如猫，大的有骆驼。研究克隆有许多益处。在未来，我们可以复制那些具有特长的动物。例如，你可以克隆一匹快马，制造出许多同样快速的马匹。

只要干细胞

在未来，克隆生物甚至也许不需要卵细胞。克隆可以在实验室里完成，而不是另一只动物体内。自成功克隆出多莉以来，科学家将各种不同的干细胞放在一种特殊的凝胶中，成功地制造出了老鼠胚胎。目前还没人知道怎么把这个胚胎变成一只完整的老鼠。但是别担心，最终总有一些超级聪明的科学家会找到办法。

纳米技术

人造复制机

我们既然有聪明的科学家和炫酷的新技术，为什么不发明一些比自然复制机更好的东西呢？干细胞很伟大，但它们也有不能制造的东西，比如汉堡、发动机或者巧克力蛋糕。我们还需要能复制这些物品的复制机。

纳米和纳米技术

目前，科学家正在研究纳米技术。那是研究极小极小的粒子与机器的技术。纳米技术的研究对象只有 1 ～ 100 纳米。10 亿纳米相当于 1 米，而一根头发大约有 10 万纳米那么粗。

纳米颗粒

纳米技术已经在医学中得到了应用。我们能将纳米颗粒（小于100纳米的粒子）送进体内，攻击那些引发疾病的细胞，比如癌细胞。有些纳米颗粒通过携带药物杀死这些细胞，有些则在接触它们时发动进攻予以摧毁。由于纳米颗粒非常小，所以它们只会攻击病变细胞，不会伤害身体的其他部分。

原子

但是科学家想要控制的东西比细胞更小。他们希望能在未来的某一天控制原子。原子是构成物质的基石，是所有物质的基础。你能看到的物体，你呼吸的空气，以及组成你身体的细胞都是由不同种类的原子以各种方式聚集在一起构成的。

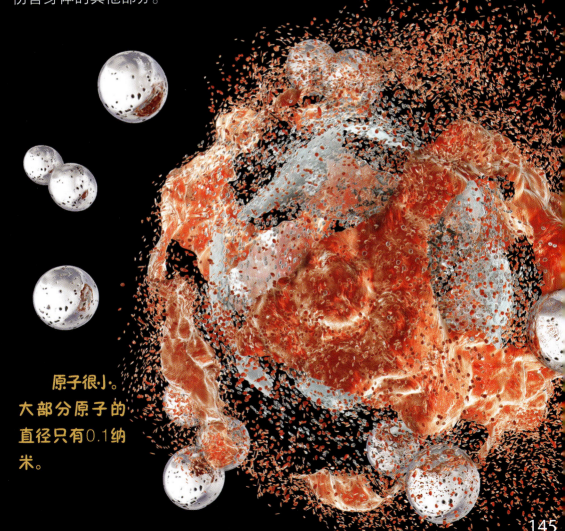

原子很小。大部分原子的直径只有0.1纳米。

原子按照一定的顺序和排列组合在一起形成分子。分子是物质能够独立存在的相对稳定并保持物质物理和化学性质的最小单元。由于分子内原子的相互作用，所以分子的性质不仅取决于原子的种类和数目，也取决于分子的结构。

这些知识看起来似乎和复制机没什么关系。但许多人都认为纳米技术在未来将会非常重要。因为有一天我们也许可以利用纳米技术按照自己的想法重新排列原子，创造出任何我们想要的东西。如果你想知道怎样才能重新排列原子，那你可能需要一台机器来帮助你。

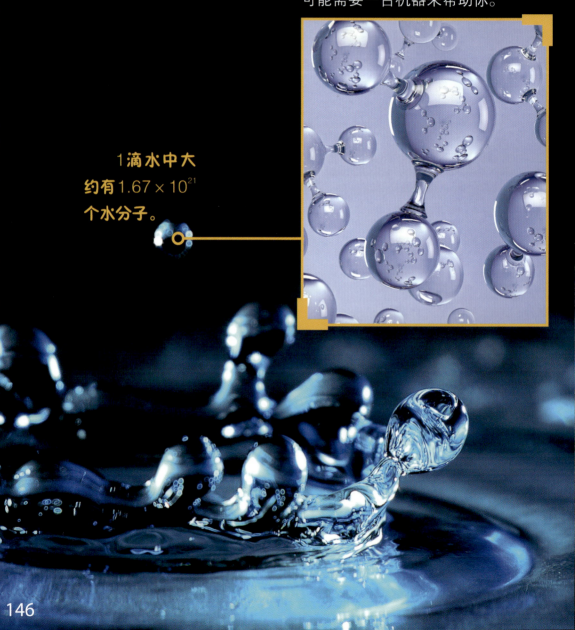

1滴水中大约有 1.67×10^{21} 个水分子。

极小极小的机器人

不久的将来，我们也许能制造出纳米机器人。3D 打印可以用各种材料打印出它们，但它们可能都包含同一种材料——硅（今天许多微型计算机的部件都是由硅制造的）。纳米机器人非常小，它们可以把分子裂解成原子，再重新组合。物质都是由原子构成的，包括我们的细胞。这也就意味着，如果一个纳米机器人能够把原子排列成任何它想要的分子，那它就能制造出任何东西，水、塑料、烤面包机，甚至是我们人类。

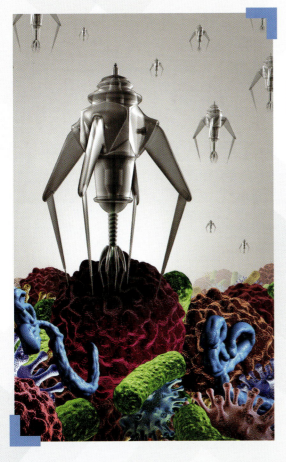

制造机器的机器

你是不是觉得用纳米机器人来制造物品的方式听上去实在是太慢了。的确如此，每制作一个分子，这些极小极小的纳米机器人都需要很长时间，更不用说制造出一件物品。所以，纳米机器人需要有自我复制的能力，以便更多的机器人一同工作。毕竟，如果它们能制造世界上的任何东西，当然也能制造更多的自己，不是吗？

147

复制机的未来

了解了这么多复制机的工作原理，是不是跟你原来在科幻小说和电影中看到的不一样？未来的复制机，将是微小的纳米机器人、干细胞与高级的 3D 打印机。尽管它们看起来和《星际迷航》中的复制机不同，但它们做的事情都是一样的：按照一套预定的指令来排列细胞、原子或者各种材料，制造出我们想要的任何东西，以及可以无穷无尽地复制。

虽然现在复制技术已经可以做很多有趣的事情，未来它们还将实现更多的应用。也许要过 100 年，我们才能研制出实用的纳米机器人。但这并不意味着它不可能。我们只是还需要再等待一段时间。

从无到有

未来复制机研究的另一个方向，是从能量中产生物质。如果可以把能量转化为物质，我们就不再需要粉末或者细胞作为复制的原料——甚至连原子都不需要，因为我们可以自己创造它！

最简单的方法之一是利用光子——光线中携带能量的粒子。

光子在一定条件下，是有可能生成电子的。也许你不能明白其中的原理，不必担心，连科学家都认为这很复杂！你需要知道的是，这是一种将能量转化成物质的方式。它意味着我们在未来也许可以从无到有地创造出某些东西。但也不要过于期待，因为它很可能需要巨大的能量。原子是由各种粒子组成的，而不仅仅是电子。目前，我们还不得不继续使用3D打印复制物体。

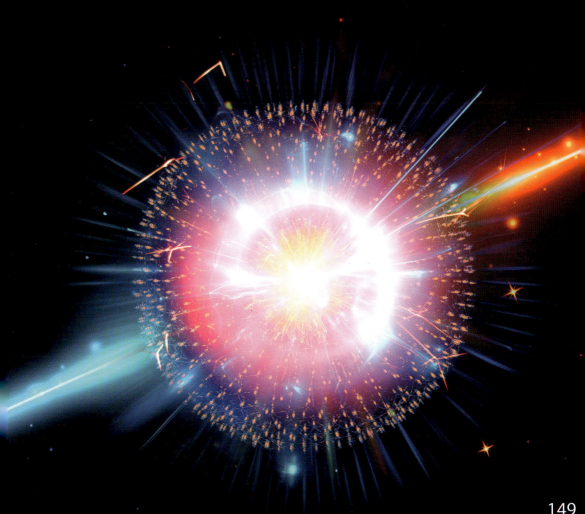

复制机的危险

枪支

　　创造物品并非只是有趣和好玩！想象一下，当人们拥有了复制的能力，有些人就会把这种能力用在危险的方面，比如复制武器之类危险的东西。即使在今天，3D打印枪支也是有可能的。随着这项技术变得越来越普及，很快，几乎所有人都能在自家后院里打印枪支。是不是很可怕？应该阻止人们打印类似枪支这种危险的东西，还是允许人们随意打印他们喜欢的任何东西？这个问题我们必须思考。

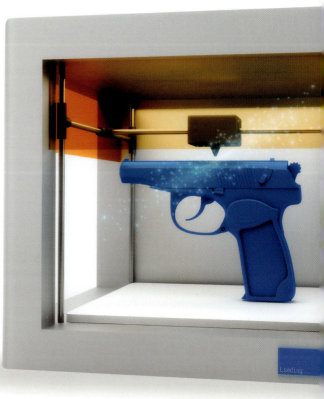

克隆

　　你可能已经发现没人尝试克隆人类。有些人认为，不应该克隆人类，因为我们不知道其中隐藏着什么风险。如果克隆技术落入坏人之手，将会发生什么？他们也许可以克隆出一支军队，创造无穷无尽的超级士兵。

纳米机器人

　　纳米机器人是不是也存在潜在的危险呢？有人担心我们无法摧毁失控的纳米机器人，那意味着将会有数万亿兆的微型机器人围绕在你周围，重新排列所有的原子！另一些人则担心制作纳米机器人的材料也许会对环境有害，或者当它们进入我们的身体后，会对身体造成伤害！

别担心

　　科学家、政府部门和立法机构对于这些都做过谨慎的考虑。类似纳米机器人和克隆人类这样的技术，将在应用之前进行非常严格的测试。目前，干细胞研究可以在更广泛的领域应用，但许多政府希望确保它是绝对安全的。技术是双刃剑，在享受它带来的巨大利益的同时，我们也需要了解它可能带来什么样的隐患。

打印汉堡，
不要打印枪支！

你想创造什么

让我们想象一下，假设不需要任何特殊的材料、细胞以及原子，只需要点击几个按钮，你的复制机就能运转起来，你想要的任何东西都会出现在你面前。

你会制造什么？

一台崭新的电脑？

一台房子大小的电视？

一枚去月球的火箭？

还是，三重双层巧克力蛋糕？上面铺满了巧克力！来上十个这样的巧克力蛋糕，别忘了我们用的可是复制机！

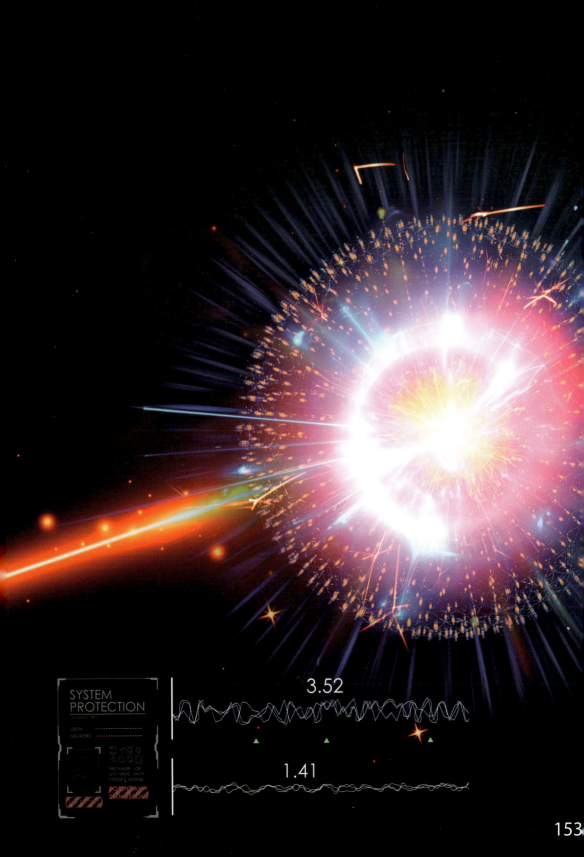

SYSTEM
PROTECTION

LOGIN
PASSWORD

FIRST NAME: JOE
LAST NAME: SMITH
HISTORY: MISSING

3.52

1.41

ANALYSIS OF THE SOURCE FILE

牵引光束

科幻里的牵引光束

什么是牵引光束

牵引光束是指可以捕捉并移动物体的光束。科幻小说描绘的未来世界中，牵引光束无处不在。

UFO 用牵引光束劫持人类离开地球表面，飞船可以用这项技术运送船员。

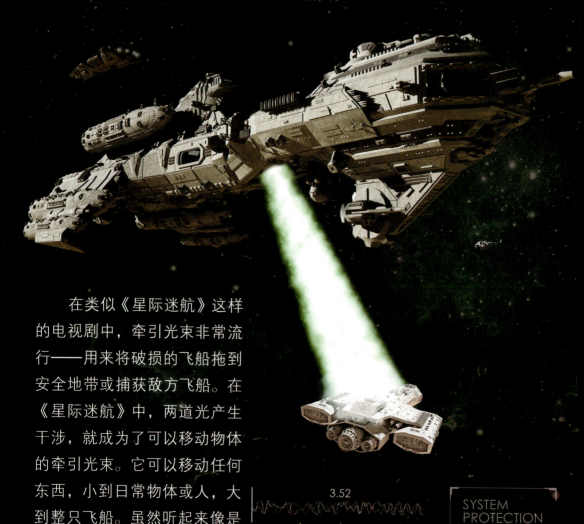

在类似《星际迷航》这样的电视剧中，牵引光束非常流行——用来将破损的飞船拖到安全地带或捕获敌方飞船。在《星际迷航》中，两道光产生干涉，就成为了可以移动物体的牵引光束。它可以移动任何东西，小到日常物体或人，大到整只飞船。虽然听起来像是22 世纪的技术，但就在 21 世纪的今天，牵引光束技术已经有了令人惊叹的发展。

3.52

1.41

3.52

SYSTEM
PROTECTION

LOGIN
PASSWORD

太空探索

设想一下在未来，若能在太空旅行中使用牵引光束，那将是一件多么有趣的事儿！飞越太空时，发现自己即将撞上一颗流浪小行星，怎么办？小事一桩，你只需用牵引光束捕获这颗小行星，再把它移开，问题就解决了。探索新发现的星球时，突然遭到外星人的攻击，怎么办？不用害怕，让同伴用牵引光束直接将你拉回飞船即可。

好了，我们先不谈这些幻想。你知道吗？美国航空航天局（NASA）正准备使用牵引光束在其他星球上搜寻生命。科学家在遥远的星系中不断发现新的行星，各种星际探索的新科技也不断涌现。但是，要将飞船送往遥远的世界依然异常艰难，就算能够实现，那也只是单向的旅程。一旦飞船降落在了其他星球上，就没有回来的可能性了。

牵引光束的发明让这个问题迎刃而解。有了牵引光束，根本无需将飞船降落到地外星球表面。要进行跨星球研究，我们只需用光束攫取地外星球物质，直接发回地球即可。科学家在地球上就可以开展研究。谁知道我们能从这些物质里发现什么呢？

制造出能够移动人的强大光束听起来像是漫无边际的幻想。其实，它远比我们想象的更可能成为现实。实际上，人们已经发明出一些可以使用的牵引光束，与《星际迷航》中所描绘的惊人地相似。

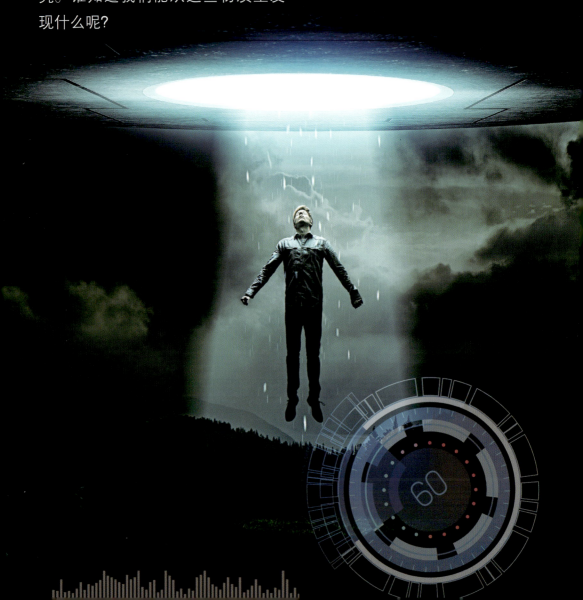

用途广泛的牵引光束

既便是在地球上，用光束移动物体也是非常有用的。你能设想在未来，每个人都手持一台牵引光束机吗？想吃个点心，用光束把它直接从厨房移到手上就好。电视遥控器放得太远，没问题，只需用光的力量就能将它移到手中。一切就是这么简单。

对于普通人来说，牵引光束意味着我们可以不用离开沙发，轻松地做个"沙发土豆"。而科学家思考的却是怎样将牵引光束运用到更重要的事情中。

84%

UNIT 11
complex 7/1-981v
STATUS: SYSTEM OK
4 CORE
142
107
145
183
CHANGE SETTINGS

有了牵引光束，医生做手术时，就不需要再切开病人身体了。这可以挽救数百万人的生命！牵引光束可以将有害物质清除出患者身体，也可以用来将药物直接输送到最需要的身体部位。如今，科学家已经能够使用光线移动某些微观物质。这意味着他们也许能使用牵引光束来研究人类的DNA，并最终找到诸多疾病的治愈方法。

牵引光束：挑战

今天的科学家比以往任何时候都更加努力地想将牵引光束变为现实，但他们依然面临重重挑战，其中最主要的就是地球的引力，它的方向总是指向地球的中心。地球引力的存在是我们没有从地球表面飘浮到外太空的原因。任何旨在牵引物体的技术都必须有比地球引力更强的拉力。

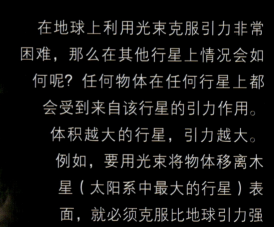

在地球上利用光束克服引力非常困难，那么在其他行星上情况会如何呢？任何物体在任何行星上都会受到来自该行星的引力作用。体积越大的行星，引力越大。例如，要用光束将物体移离木星（太阳系中最大的行星）表面，就必须克服比地球引力强一倍的木星引力。

推力与拉力

　　牵引光束面临的第二个问题与光本身有关。科幻小说中的某些科学设定与我们对光的认知相悖。光是由名为光子的粒子组成。光子具有质量、能量及动量。这意味着光子在冲击物体时是可以推动它们的。

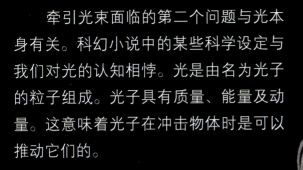

光

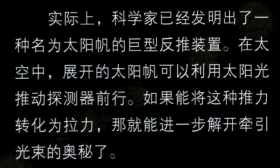

　　实际上，科学家已经发明出了一种名为太阳帆的巨型反推装置。在太空中，展开的太阳帆可以利用太阳光推动探测器前行。如果能将这种推力转化为拉力，那就能进一步解开牵引光束的奥秘了。

光：牵引的科学原理

要理解为何光可以用来牵引物体，就先要了解光的原理。首先，光以波的形式传播。太阳与灯泡发出的光虽然叫作白光，但实际上，它是由红、橙、黄、绿、青、蓝、紫七种不同颜色的光波组成的，每种颜色的光波都有不同的波长。所谓波长，是指光波在一个振动周期内传播的距离。但我们的眼睛看不到那些波——我们只能看到可见光。

可见光只是电磁波的一部分。电磁波还包括无线电波、微波、红外线、紫外线等，这些我们都看不见。收音机之所以能播放音乐，是因为它能接收无线电波；微波炉之所以能加热食物，是因为它能发射微波。

波长

微波

无线电波

可见光

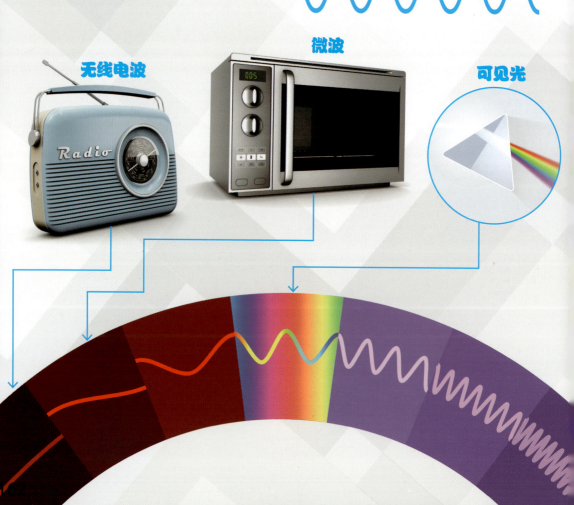

光的衍射

　　光可以向任何方向传播。光在传播过程中，如果遇到障碍物或小孔，将偏离原来的传播路径，绕到障碍物后面。这种现象就叫光的衍射。在黑暗的房间里打开一盏灯，整个房间都会变亮，而不仅限于灯所在的地方。这就是因为光的衍射。你可以将光波想象为海浪。如果你在海滩上挖一个洞，倒水进去，你会看到水向四周各个方向扩散，填满这个洞，就像房间里的光一样。

　　光发生衍射时，光子也朝着各个方向扩散。这意味着，距离光源越远，光的动量就越小。动量越小，推力就越小。要造出强大的、切实可用的牵引光束，研究人员必须想办法阻止光的衍射，将光聚集到一个方向，这样光束就不会因为远离光源而逐渐失去推力。

激光与透镜

普通光会向各个方向传播。要让光朝一个方向传播，就需要给光源装上聚光装置。比如，先让光束在两面彼此相对的镜子之间来回反射，然后再从微小的孔隙中照射出去。激光就是这么一种发散度极小的光束，它基本是朝着一个方向传播的。

你可能见过激光笔。它们发出的光是彩色的，最常见的是红色。激光的颜色取决于其波长。激光的波长分布范围非常窄，所以颜色极纯。激光的能量很大，能产生大量热量。有些激光甚至可以用来切割物体。物体接触到这种激光，瞬间便会熔化或蒸发。

激光可以切割金属甚至是钻石那么坚硬的物质。

制造出强大的激光就有可能将牵引光束变为现实。事实上，科学家已经研制出一种可以拾取、抓拿微粒子的激光设备——光学镊子。

光学镊子的工作原理是先将强激光射过凸透镜，然后在焦点处捕获微粒子。凸透镜是中央较厚，边缘较薄的透镜。当光束平行于主光轴（凸透镜两个球面的球心的连线）射入凸透镜时，会聚焦到一个点——焦点上。光学镊子能够在焦点处捕获粒子是因为这一点上的光最强。

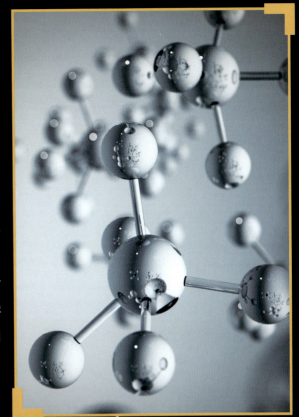

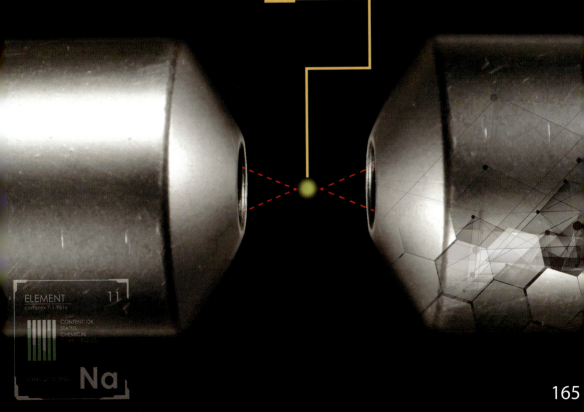

贝塞尔光束

　　想要制造出牵引光束，激光的确是个不错的
选择，但它也有缺点。首先，尽管激光比普通光
会聚能力强，但还是会发散。如果将一束激光射
向月球，最终会在月球上出现一个巨大的光斑。

　　但是不必灰心，科学总能给我们提供解决方
案。如果你将一束激光射向一面墙，墙面上会出
现一个红点。但如果发射的是贝塞尔光束，红点
的周围还会有一圈圈的圆环——就像石子扔进池
塘会激起阵阵涟漪那样。激光和贝塞尔光束之
间的主要区别就是贝塞尔光束的衍射小得
多。

3.52

1.41

贝塞尔光束是由两道激光重叠而成的。这两道激光的波长（体现为颜色）相同，所以重叠时，相互交错的光波也大小一致。

贝塞尔光束中心光斑尺寸小、强度高，而且它的传输路径纤细（光斑不随传输距离变化），就像针一样。"光针"听起来是个疯狂的想法，却非常实用。例如，贝塞尔光束可以用来穿透单个人体细胞大小的物体。细胞是组成人体的基本单位。大部分细胞的体积都非常小，只有透过显微镜才能观测到。

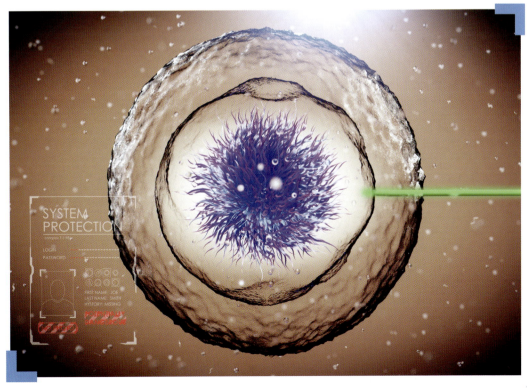

传送光束

　　究竟如何用贝塞尔光束来制造牵引光束呢？最顶尖的研究者们找到了一种方法，用贝塞尔光束制造出类似传送带的牵引光束。想象一下，在未来，用牵引光束移动物体就像超市收银台用传送带移动顾客购买的商品那样方便。听起来很有用，不是吗？

　　你一定已经发现，这种牵引光束的工作原理和科幻小说中所描绘的十分相似。就像《星际迷航》中说的一样，通过两道光束重叠在一起形成干涉。这种制造牵引光束的方法会不会就是科学家一直在寻找的答案呢？

光的干涉

　　光的干涉为牵引光束的研究提供了一种新的思路。那么，什么是光的干涉？干涉图样又是如何产生的呢？

　　当两束光波在一定条件下相遇而叠加，会引起光强的重新分布，在叠加区域形成稳定的、不均匀的光强分布，出现明暗相间或彩色的条纹，即干涉条纹。这种现象也被称为光的干涉。光波振幅的最高点称为波峰，最低点称为波谷。如果两束光的波峰叠加，就会形成亮条纹。反之，如果波峰与波谷重叠，形成的就是暗条纹。有研究者发现，在两束光波相互干涉的瞬间，会产生一种可以捕捉微小粒子的光。

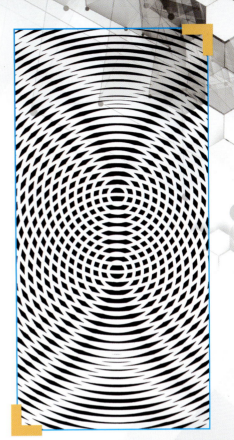

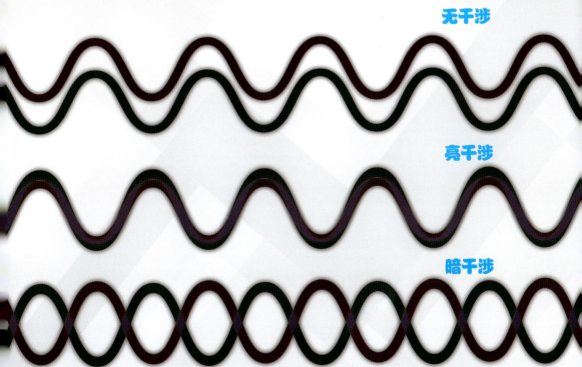

无干涉

亮干涉

暗干涉

研究人员利用透镜来引导贝塞尔光束形成干涉，用以捕获微小粒子。贝塞尔光束与光学镊子有何不同呢？事实上，贝塞尔光束不仅可以捉取微小粒子，还可以让它们移动，是名副其实的牵引光束——可以捕捉并移动物体的光束。

贝塞尔光束之所以能移动微小粒子，是因为粒子被吸到干涉图样中，并随着光波的振动而移动。

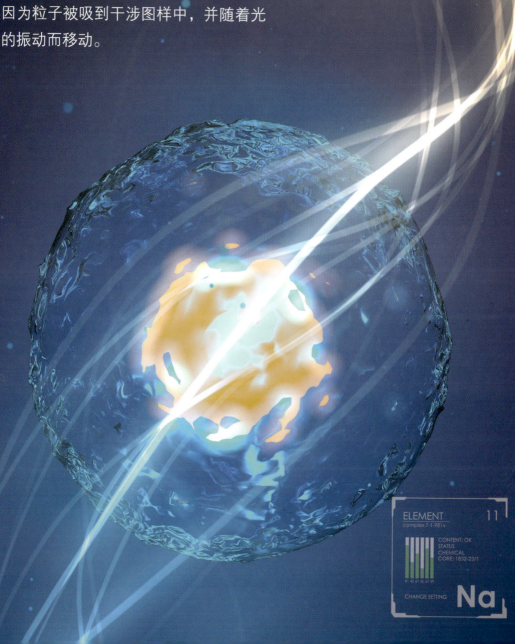

ELEMENT   11
complex 7·1·98 l v

CONTENT: OK
STATUS
CHEMICAL
CORE: 1832-23/1

01·45·41·30·47·39

CHANGE SETTING   Na

听起来棒极了，不是吗？我们成功制造出了货真价实的牵引光束！但事实上，并非如此。虽然这种牵引光束确实可用，但它依然存在着诸多不足。首先，它只能移动直径小于光波波长的物体。这就意味着，它只能移动体积极其微小的粒子。其次，这种光束只能将粒子移动几微米。1微米相当于 10^{-6} 米。这样的移动距离作用不大。

然而，最大的问题还在于需要大量的能量。要制造出能移动日常物体甚至人类的贝塞尔光束，所需要的能量是无穷大的，因此几乎是不可能实现的。就算能够造出这种光束，其超高的温度也会立刻将人烧毁。因此，我们只能将这种制造牵引光束的方法舍弃。

螺旋光束

现在我们已经知道，光可以产生推力推动物体前进。但牵引光束是要利用光来拉动物体，与推力的方向完全相反。此外，还有一个问题是：光线沿直线传播，不能穿过不透明物体。这就是影子产生的原因。

幸运的是，科学家成功地找到了另一种制造牵引光束的方法——螺旋光束。它可以绕过而非直射到物体上。这就意味着，光的传播不会受阻。接着，科学家又发现如果适当调整螺旋光束的角度，就能绕到粒子背部推动它。这其中的工作原理究竟是怎样的呢？

　　起作用的又是贝塞尔光束。贝塞尔
光束在传播途中不会被物体阻挡。把物
体放置在贝塞尔光束的传播路径中，光
线的传播不会受阻，只会中断，然后重
新聚集在物体的另一侧。

　　研究人员发现，重新聚合的光线可
以从背部击中粒子，从而让粒子向反方
向移动，即朝着光源的方向。具体来说，
这是怎样做到的呢？

螺旋形的光

　　这就需要科学家展示他们的聪明智慧了。他们找到了一种方法，可以将光的传播路径引导为中空的螺旋形，类似开瓶器。螺旋形的开瓶器可以通过转动从酒瓶中拔出软木塞。同样的道理，螺旋光束也可以通过转动拉起微小粒子。

　　当然，这种螺旋光束与我们通常在科幻小说中见到的不同。不过，通过这种反向滑梯的方式螺旋升入太空，听起来也相当令人兴奋。

遗憾的是，这种方式制造出的牵引光束目前也还处于低级阶段：只能移动极其微小的物体。想要举起像人这么大的物体，需要更大的能量。事实上，用牵引光束将人举起脱离地面，需要1兆瓦（1000千瓦）的能量。一旦被如此巨大能量的光束照射到，人体会立刻化为灰烬。

即使如此，我们依然不该轻易放弃。虽然听起来希望渺茫，但勤奋的科学家绝对没有放弃牵引光束的研究。毕竟，他们在这个领域已经取得了重大的成就。既然能制造出移动微小粒子的光束，那么最终就能将可移动物体逐步扩大到我们想要实现的目标。

声波牵引束

作为我们最爱的科幻技术，牵引光束要成为现实，似乎还要突破层层阻挠。现阶段能实现的牵引光束耗能过大，会将人类直接烧毁，而且只能移动微粒子。

但是，我们不必为此而沮丧，还有别的方法。一直以来，我们都以为牵引光束一定是以光的形式实现的。有没有可能还有一种更好的方式，无需接触物体就可以移动它们呢？

还好有一群科学家跳出了传统的思维模式。他们发明了一种利用声波来悬浮、移动物体的装置，取名声波牵引束。这种装置可以用隐形的声波"力场"抓获并移动较小物体。

声学

声音的音调是由频率决定的。频率的测量单位是赫兹（Hz）。频率越高，音调越高。人耳的听觉范围在 20~20000 赫兹。超过 20 千赫兹（kHz）的声波称为超声波。

为了制造声波牵引束，科学家动用了 64 个扬声器，播放 40 千赫兹以上的超声波。这些超声波相互干涉产生的三维力场，就像隐形手一样可以抓取并移动一些较小的物体。

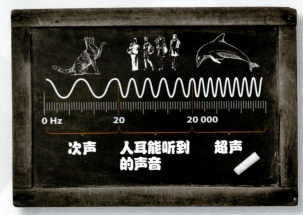

优势与不足

从各个方面来说，声波牵引束都是目前最好的牵引束设计。它可以在所有方向上移动物体：从一侧到另一侧，从前到后，从上到下，甚至还可以旋转。更重要的是，声波牵引束不仅能移动微观粒子，还能移动我们能看得见的物体。目前，人们已经开发出了声波牵引束手持设备！

然而，正如所有科幻小说中出现的高科技一样，如果要转化为实际应用，就会存在各种不足。首先，被移动的物体直径需小于声波的波长，才能奏效。于是，为了移动体积较大的物体，就必须发射出波长较长的声波。但是，波长越长，频率越低。波长大于20千赫兹的声波，人耳就能听到。当人耳接触到如此高强度的声波时，耳膜会被立刻震破！

想要像《星际迷航》里描绘的那样，用声波牵引束来探索银河系是不切实际的。因为声音是由物体振动产生的，声音的传播需要介质。太空是真空的环境，不能传播声音。

假如你用手敲一扇木门，敲门声是由手指叩击木头表面产生振动引起的，再通过空气传播到你的耳朵中。

因此，没有介质，声波就不能传播，也就没有声波牵引束。看来，要真正实现在太空中使用牵引光束还很遥远。但是没关系，说不定你在圣诞节的时候会收到一份特别的礼物——手持声波牵引束设备。

牵引光束的未来

在地球上

对于我们这些科幻迷来说，牵引光束的未来是怎样的呢？难道我们必须放弃声波牵引束，集中精力制造牵引光束，才能在太空中抓放、移动物体吗？

也许吧。但就目前来说，我们还无需急着下结论。探索太空也许太过遥远，即使在地球上，牵引光束的用途也是极其广泛的。例如，人们可以用它来营救危险中的灾民。设想一下，如果救生员可以用牵引光束来救起溺水者，那该多美好？这种办法不仅比用救生艇快，而且比救生员亲自下水更加安全。

牵引光束还可以用于帮助受地震或龙卷风袭击的灾区人民。这类灾难发生时，常常造成房屋倒塌，人们被压在下面。如果能用牵引束将碎石断墙移开，就能救出那些被埋压的人。如果牵引光束足够强大，而且灾难预警更为精准的话，我们甚至能在灾难到来之前将所有人都转移到安全地带。

在太空中

人类寻找外星人的号角已经吹响！科学家试图在遥远的星球中找到外星朋友的家园。但是，他们到底寻找的是什么呢？他们真正寻找的是和地球相像的星球。地球因为空气和水资源充足而成为了生命的完美摇篮。

此外，地球还有着适宜的温度。太阳为地球提供着光与热，而地球围绕太阳公转的距离不远不近，刚刚好。科学家了解到，整个宇宙中有着数以亿计颗恒星，围绕着这些恒星旋转的是数量更多的行星。在未来，太空旅行将变得更加便利，而牵引光束也会变得更加强大。我们也许能从这些行星上直接取回物质，进行检测，为最终找到外星人而服务。

书写属于你自己的科幻

如果真有外星人，或许他们早已先于我们一步发明了牵引光束。或许，他们已经在使用这项技术劫持无辜的地球人。他们甚至还可能劫持了地球上的各国领导，然后派遣自己人来冒名顶替，渗透进入人类社会。

又或许，外星人扫描了这些领导人的大脑，抹除了他们的记忆，再把他们送回地球，充当外星奴隶。怎么样？感觉到自己的想象力被点燃了吗？如果是，那为何不试着自己写点科幻呢？谁知道呢？说不定，某年某月的某一天，你写的科幻就会变成现实。

图书在版编目（CIP）数据

科幻里的科学事儿 /（英）奥利·杜希格著；丁丁虫等译 ; .—上海：少年儿童出版社，2019.8

ISBN 978-7-5589-0659-6

Ⅰ.①科… Ⅱ.①奥… ②丁… Ⅲ.①科学知识—普及读物 Ⅳ.① Z228

中国版本图书馆 CIP 数据核字（2019）第 133307 号

科幻里的科学事儿

[英] 奥利·杜希格 著

丁丁虫 郭凯 陈捷 王爽 译

责任编辑 熊喆萍　　美术编辑 陈艳萍

责任校对 黄 岚　　技术编辑 胡厚源

出版发行 少年儿童出版社

地址 上海延安西路 1538 号　邮编 200052

易文网 www.ewen.co　少儿网 www.jcph.com

电子邮件 postmaster@jcph.com

印刷 上海丽佳制版印刷有限公司

开本 787×1092　1/16　印张 11.5

2019 年 10 月第 1 版第 1 次印刷

ISBN 978-7-5589-0659-6 / N·1121

定价 70.00元